Trotz allem Liebe

Marascha Daniela Heisig

Trotz allem Liebe

Wie Paaren Versöhnung gelingt

Patmos Verlag

Für alle Kinder, deren Eltern noch unversöhnt sind

MIX
Papier aus verantwor-
tungsvollen Quellen
FSC® C083411

Für die Schwabenverlag AG ist Nachhaltigkeit ein wichtiger Maßstab ihres Handelns. Wir achten daher auf den Einsatz umweltschonender Ressourcen und Materialien.

Bibliografische Information der Deutschen Nationalbibliothek
Die Deutsche Nationalbibliothek verzeichnet diese Publikation in der Deutschen Nationalbibliografie; detaillierte bibliografische Daten sind im Internet über http://dnb.d-nb.de abrufbar.

Umschlaggestaltung: Finken & Bumiller, Stuttgart
Umschlagmotiv: © shutterstock
Druck: CPI books GmbH, Leck
Hergestellt in Deutschland
ISBN 978-3-8436-0840-4 (Print)
ISBN 978-3-8436-0841-1 (eBook)

Inhalt

Einleitung: Versöhnung in der Paarbeziehung

»Man muss sich durch die kleinen Gedanken, die einen ärgern, immer wieder hindurchfinden zu den großen Gedanken, die einen stärken«[1], schreibt Dietrich Bonhoeffer. Seine Worte ermutigen, sich in Liebesbeziehungen auf die großen Gedanken auszurichten und sich durch die Schichten von Verletzungen hindurchzugraben, um zur Liebe zurückzufinden. Intime Beziehungen sind ein bedeutsamer Teil unseres Lebens, der uns zutiefst zugrunde gelegt ist. Sie sind der Strom unseres Lebens und der Herzschlag unserer Seele.

Kaum eine Beziehung fordert uns daher so heraus wie die zu unserem engsten Lebenspartner, sind wir doch in keiner anderen so verletzbar. Störungen in unserer Partnerschaft erschüttern uns meist zutiefst, auch wenn keine Beziehung ohne emotionale Verletzungen auskommt. Deshalb berührt das Thema Versöhnung uns alle. Es gehört zu unserem Leben dazu, dass wir verletzen und verletzt werden. Uns mit den Verletzungen zu versöhnen und die Schwächen des Partners, der Partnerin anzunehmen, stellt eine der tiefsten Lernaufgaben in Partnerschaften dar.

Einige Paare gehen in krisenhaften Situationen auseinander oder trennen sich in Unfrieden – mit allen Konsequenzen für das eigene Leben, das Umfeld und die geistigen oder physischen Kinder. Andere Paare sind verzweifelt, weil sie nicht wissen, wie sie sich wieder versöhnen können, wenn sich Konflikte verhärten und Krisen zuspitzen. Die Liebe scheint hinter Groll und Ärger zu verschwinden.

Vielfach sind es gar nicht die großen Verletzungen, wie schwerwiegendes Fehlverhalten oder sexuelle Gewalt, sondern eher Verletzungen im Alltag, die eine Paarbeziehung belasten. Meist dreht es sich dabei um enttäuschte Erwartungen, verbale Kritik, das Gefühl mangelnder Unterstützung und Zu-kurz-gekommen-Seins, fehlende Sensibilität und unbedachte Worte. Kränkungen und Entwertungen treten an die Stelle einer liebevollen Bezogenheit. Andere Verletzungen sind die, die unsere Zugehörigkeit als Paar in Frage stellen. Wenn z. B. die Ursprungsfamilie, der Beruf, die Kinder höher gestellt werden oder wenn familiäre Verflechtungen in die Beziehung hineinfunken, entstehen Verletzungen. Auch unbewältigte Übergänge stellen die Paarbeziehung auf die Probe. Ändern sich soziale Rollen, berufliche Anforderungen, die körperliche Nähe, kann die Liebe darunter leiden. Seitensprünge stellen die Liebesbeziehung und das Vertrauen an sich in Frage.[2]

Solange Verletzungen ungeklärt, Vorwürfe oder Fragen nach Wiedergutmachung offen im Raum stehen, bleiben wir an das Vergangene gekettet, was uns die Kraft zum Handeln in der Gegenwart nimmt. Unversöhntes bindet uns an das Vergangene und kostet viel Lebensenergie. Durch eine nachtragende Haltung erzeugen wir in uns selbst vielleicht langfristig größeres Leid als das Unrecht, das uns widerfahren ist.

Damit ein Paar liebevoll zusammenbleiben kann, ist die Fähigkeit, sich nach Verletzungen zu versöhnen, sehr hilfreich. Aber wie gelingt es, sich zu versöhnen? Verschiedenen Studien[3] zufolge sind die bedeutsamsten Gründe dafür, ob Vergebung möglich wird, wie wir uns das Geschehene erklären, welche Motive dem verletzenden Verhalten zugrunde liegen und ob das verletzende Verhalten absichtlich oder unabsichtlich geschah. Wenn wir nachvollziehen können, wie der Fehltritt zustande kam, lindert das die Verletzung. Je mehr sich die verletzte Person in die verletzende Person hineinversetzen kann, desto eher ist Versöhnung möglich. Weitere Einflussfaktoren sind die Empathie der verletzten Person mit sich selbst, die äußere Stresssituation und die Frage, ob ein Teil der Verletzung auch mitverantwortet ist. Die Einsicht, selbst auch schon Fehler gemacht zu haben, ermöglicht eher Versöhnung. Wenn wir uns an unsere eigenen Fehler erinnern und daran, dass auch uns schon verziehen wurde, stimmt uns dies eher milde: Wir sehen, dass das Unrecht, das wir aktuell erleiden, sich auf gewisse Art mit unseren eigenen Verfehlungen ausgleicht.

Ein nicht zu unterschätzender Aspekt ist die Zeit, die nötig ist, um Verletzungen zu verschmerzen. Es kann durchaus sein, dass Bitterkeit und Ärger auch wieder einmal hochkochen. Zugleich können wir Versöhnung weder erzwingen noch erwarten – sie geschieht. Aber wir können die Voraussetzungen dafür schaffen, dass sie möglich wird.

Welche Wirkung hat es, wenn wir uns versöhnen? Es wurde mehrfach belegt, dass sich Versöhnung positiv auf unser psychisches und körperliches Wohlbefinden auswirkt.[4] Versöhnung macht Menschen hoffnungsvoller, reduziert Ängste und stärkt die Verbundenheit von Paaren. Es tut uns gut, Groll zu überwinden, und zu vergeben ist heilsam, denn auf diese Weise kann Verbundenheit wieder in die Beziehung zurückgeholt werden. In versöhnten Verletzungen liegt die Chance zu einer tieferen Liebe und partnerschaftlicher Beziehung.

Verletzungen und Unversöhntes können als Wachstumsschmerzen angesehen werden, die Entwicklungsimpulse anzeigen. In ihnen liegt oft das große Potential, miteinander und aneinander zu wachsen. Entwicklung in einer Beziehung geht einher mit ständigem Verhandeln, Loslassen und Sich-Versöhnen. Versöhnung in der Paarbeziehung wird hier als bewusste Entscheidung verstanden. Wir können aktiv entscheiden, ob wir Unrecht vergelten, uns zurückziehen oder uns auf die Suche danach machen, was unsere Integrität als Paar stärkt und die Fesseln des Unversöhnten vorsichtig löst.

Dies ist nicht nur heilsam für die eigene Seele, sondern auch für unsere Kultur, die nach neuen Wegen der Versöhnung und einer neuen Liebeskultur sucht. Mit dieser Botschaft möchte das Buch auch beitragen zu mehr Verständigung zwischen zwei Menschen, die sich lieben – ob Mann und Frau, Mann und Mann oder Frau und Frau. Es ist vor allem geschrieben aus einem tiefen Bedürfnis nach einem authentischen Frieden zwischen den Geschlechtern. Aus Gründen der Geschlechtergerechtigkeit werden in diesem Buch die weibliche und männliche Form abwechselnd verwendet – die jeweils genannte Geschlechterkonstellation kann immer auch anders gedacht werden.

Im ersten Teil vermittelt das Buch Einblicke in die Dynamik der verbindenden und trennenden Kräfte, die in jeder Liebesbeziehung wirken, und beleuchtet diese in einem systemischen, biographischen, kollektiven und spirituellen Kontext. Wir werden sehen, dass Paarkrisen oft bei unbewältigten Übergängen des Paares entstehen, und werden verstehen, welche Rolle alte Beziehungsmuster und eigene Wunden für Verletzungen und Heilung in der aktuellen Partnerschaft spielen. Das Wissen um diese Zusammenhänge kann uns die Augen dafür öffnen, was bei Verletzungen passiert und was für Versöhnung wichtig ist. Es kann uns öffnen für die verschüttete Liebe.

Der Hauptteil des Buches beschreibt den Prozess der Versöhnung in zehn Schritten. Diesen schrittweisen Prozess können Paare gemeinsam durchlaufen. Ist die Partnerin nicht zur Versöhnung bereit, kann der Prozess auch für sich alleine gestaltet werden. Denn die eigene versöhnlichere Haltung hängt nicht von der Reaktion der Partnerin ab. Im Zentrum des Versöhnungsprozesses steht das tiefe Mitgefühl mit sich selbst und mit dem Partner. Es geht darum, mit sich, dem eigenen Leben liebevoll mitzufühlen, die eigenen Gedanken und Gefühle zu verstehen, Verantwortung für sich zu übernehmen und das Anderssein des Partners mehr und mehr anzunehmen. Auf diese Weise ermutigt das Buch dazu, aus leiderzeugenden Kämpfen auszusteigen. Auch wenn vielleicht nicht immer alles versöhnbar ist, widmet sich das Buch folgenden Fragen: Wie können wir uns wieder annähern, wenn es zu Verletzungen gekommen ist? Wie wird es möglich, die Schattenseiten liebevoll anzuschauen, statt uns verletzt zurückzuziehen? Welche Wege gibt es, Versöhnung heilsam zu gestalten?

Anhand von Fallbeispielen[5] aus der Praxis sowie mit Hilfe einfacher Übungen und Anleitungen für Versöhnungsrituale werden Wege aufgezeigt, wie der Prozess der Versöhnung in Paarkonflikten gestaltet werden kann.

Das Buch eignet sich für Paare sowohl in schwierigen als auch in gelingenden Paarbeziehungen sowie für TherapeutInnen und Personen in Heilberufen, die Paare bei der Bewältigung von Krisen und in Versöhnungsprozessen begleiten. Ziehen Sie als Paar auch in Erwägung, eine Paarberatung in Anspruch zu nehmen, wenn Sie allein nicht weiterkommen.

Teil 1
Dynamiken in der Paarbeziehung

.

Ein Indianer verbrachte einen Abend mit seinem Enkel an einem lodernden Lagerfeuer. Es dämmerte schon und beide schauten in die Flammen und die Glut.

Nachdem sie so eine Weile schweigend dasaßen, sprach der Großvater:»Manchmal ist mir, als ob zwei Wölfe in meinem Herzen leben, die miteinander ringen und kämpfen. Der eine ist voller Rache, wütend und ohne Mitleid. Es ist der Wolf der Dunkelheit, der Angst, des Misstrauens, des Leids und der Verzweiflung. Der andere ist sanftmütig, voller Mitgefühl, Licht, Hoffnung und Liebe.«

Der Enkelsohn hatte aufmerksam zugehört und fragte:»Großvater, welcher Wolf wird nun dein Herz gewinnen?«

»Der Wolf, den ich nähre, pflege und füttere«, sprach der Alte.

GESCHICHTE DER CHEROKEE-INDIANER

In jeder Partnerschaft leben zwei solche Wölfe: In unversöhnten Situationen streiten in unseren Herzen die Impulse nach Zugehörigkeit, Bindung und Nähe mit den Impulsen des Trennenden, der Distanz und Autonomie. Das kann zu Ambivalenz und Widersprüchlichem in der Beziehung führen. Wie in der Geschichte geht es dabei zentral um die Frage, welchen Wolf wir in unserem Herzen nähren und füttern wollen. Die Geschichte zeigt, dass die Frage, welche Seite gewinnt, eine Frage der inneren Entscheidung und Einstellung ist.

Welche Dynamiken, welche Bindungs- und Trennungskräfte wirken in unseren Paarbeziehungen heute? Was hält die Liebe zusammen? Was erschüttert sie? Was macht die besondere Bindung und Liebe einerseits und damit auch andererseits die besondere Kraft, sich in einer Paarbeziehung verletzen zu können, aus? Mit diesen Fragen werden wir uns im ersten Teil des Buches beschäftigen. Indem wir lernen, die eigene Paarbeziehung aus anderen Blickwinkeln zu betrachten, können wir in Krisensituationen und Veränderungsprozessen mehr Verständnis füreinander entwickeln. Hierum geht es in den nachfolgenden Kapiteln.

13

Der verbindende Funke – die Liebe

Was macht die bindenden Kräfte eines Paares aus? Wie kommt es dazu, dass wir uns genau mit diesem Mann, mit dieser Frau verbinden und gemeinsam durchs Leben gehen? Der Blick auf das, was der Anfangsimpuls war und was das Paar aneinander langfristig innerlich bindet, hilft, sich auf die Quellen von Intimität, Verbundenheit und Vertrauen zu besinnen – gerade in Situationen des Vertrauensverlustes und bei Verletzungen.

Das Band der Liebe

Jede Liebe hat ihren spirituellen Auftrag

In fast jeder Beziehung gibt es so etwas wie einen Anfangsimpuls. Von vielen Paaren wird er als eine Art magischer Funke beschrieben. Auch umgangssprachlich sagen wir:»Es hat gefunkt.« Das kann ein längerer Blick sein, der wie unvergesslich erscheint, oder jene erste liebevolle Berührung, die das Gefühl hinterlässt, dass sich damit etwas im eigenen Leben grundlegend verändern wird. Mitten in einem Gespräch entsteht ein Gefühl seelischer Berührtheit, von körperlicher Wärme und Anziehung. Das Gefühl, in der Tiefe verstanden und gesehen zu werden, prägt die Anfangsbindung. Paare können sich oft noch viele Jahre später an diese ersten besonderen Momente der Beziehung erinnern.

Allen wissenschaftlichen Forschungen zum Trotz ist das Geheimnis der Liebe größtenteils unerschlossen und unergründlich. Es erscheint ein Mysterium, weshalb wir gerade diese Partnerin, diesen Partner aus der Vielzahl von Frauen und Männern gewählt haben.

In unserer Kultur herrscht, vor allem was die Anfangsbindung anbelangt, die romantische Liebe vor. Bildlich gesprochen beginnen wir die Paarbeziehung auf dem Gipfel des Berges statt an seinem Fuß. Ohne jegliche Prüfung, ob die Beziehung auch tragfähig sein kann, und ohne große Anstrengungen fallen wir im romantischen Liebesideal in die Liebe hinein. Das Liebeslied von Rainer Maria Rilke fasst diesen Zustand sehr eindrücklich in Worte:

Wie soll ich meine Seele halten, daß sie nicht an deine rührt?
Wie soll ich sie hinheben über dich zu andern Dingen?
Ach gerne möcht ich sie bei irgendwas Verlorenem im Dunkel
unterbringen an einer fremden stillen Stell',
die nicht weiterschwingt, wenn deine Tiefen schwingen.[6]

Viele Paare werden im Laufe ihrer Beziehung vor die Aufgabe
gestellt, die Kluft zwischen den romantischen Idealbildern und der
Alltagsrealität zu überwinden. Die romantische Liebe kann in Desil-
lusionen, zerrütteten Beziehungen und schweren Anklagen enden.

Im Gegensatz zur westlichen Kultur, in der wir den Partner mehr
oder weniger bewusst selbst wählen, wird in der afrikanischen Kultur der Dagara davon ausgegangen, dass es die übergeordneten
Lebensaufgaben von Menschen sind, die diese als Paar zusammen-
bringen. Mann und Frau kommen in dieser Tradition zusammen, da
sie eine ganz eigene spirituelle Kraft verbindet. Die Ehe wird bei den
Dagara als ein Weg beschrieben, »den Ruf der spirituellen Kräfte
weiterzutragen. [...] Durch die Ehe können die spirituellen Kräfte die
Unterstützung, die sie zwei Menschen geben, zu einer großen Energie zusammenfließen lassen.«[7] Jede Beziehung hat dabei eine spirituelle Dimension. Und spirituelle Energien lenken zugleich die Beziehung. Aufgrund ihrer einzigartigen Verbindung kann das Paar
damit etwas ganz Eigenes, Neues sehr viel besser als alleine in der
Welt entfalten und der Gemeinschaft auf ihre besondere Art dienen.

Auch wenn diese Sichtweise uns nicht so geläufig ist, gehen doch
viele Paare insgeheim davon aus, dass sie eine größere oder höhere
Kraft zusammengeführt hat. Wenn wir uns darauf besinnen, was
uns in der Tiefe auch spirituell miteinander verbindet, kann uns das
in verstrickten Paarsituationen helfen, uns wieder an das Wesentliche der Bindung zu erinnern.

Es kann sein, dass uns diese gemeinsame tiefere Aufgabe gar nicht
so bewusst ist und wir sie erst später erkennen. Im westlichen Sprach-
gebrauch sprechen wir eher von einer gemeinsamen Lebensvision,
Lebensplanung oder ähnlichen Zielvorstellungen. Ist das Neue, das
Dritte, das durch diese Beziehung in die Welt gebracht wird, ein
physisches, ideelles oder geistiges Kind, kann die gemeinsame Aufgabe leichter erkannt und benannt werden. Das Gefühl von biologi-
scher und geistiger Fruchtbarkeit dieser Bindung wird auch in der
Außenwelt sichtbar. Weitere Bindungskräfte sind gemeinsame Visi-

onen, prägende Erlebnisse und die Erfahrung, gemeinsam Krisen bewältigt zu haben.

Da wir keine Ältesten und keine Gemeinschaft haben, die uns – wie bei den Dagara – erzählen, was unser spiritueller und partnerschaftlicher Lebensauftrag ist, müssen Paare heute diese tieferen Quellen des Verbundenseins selbst ergründen.

Fehlt eine gemeinsame Vision oder haben zwei Menschen grundsätzlich unterschiedliche Zielvorstellungen, kann dies im Laufe der Beziehung zu heftigen Konflikten führen. Insbesondere wenn ein Partner das Gefühl hat, die Verwirklichung der eigenen Lebensentwürfe verleugnen zu müssen, um in der Beziehung bleiben zu können, kommt es nicht selten zur Zerrüttung der Liebe. Hier liegt bereits in den unterschiedlichen Lebensplanungen etwas Unversöhnliches. Vielleicht möchte Er gerne noch für ein paar Jahre im Ausland arbeiten, während Sie eng verbunden ist mit ihrer Heimatfamilie und sich nicht vorstellen kann, ihr vertrautes Netzwerk für eine so lange Zeit hinter sich zu lassen. Oder Er möchte gerne noch Kinder, aber Sie hat bereits Kinder aus erster Ehe und hat diese Phase für sich abgeschlossen.

Es wird deutlich: Ein wesentliches Band in der Liebe ist die gemeinsame Zugehörigkeit zu etwas Tieferem, Größerem, was zwei Menschen zu einer Einheit zusammengeführt hat und zusammenhält. Es ist eine gemeinsame Lebensausrichtung, die Bindung schafft und doch ein Mysterium bleibt. Je mehr ein Paar sich mit dieser gemeinsamen Ausrichtung identifiziert und sie in der Beziehung lebendig und präsent hält, desto stärker kann sich ein Gefühl der Zugehörigkeit und Verbundenheit entfalten.

Übung: Den Anfangsfunken für die Beziehung erinnern

Erinnern Sie sich an den Anfangsfunken in Ihrer Beziehung. Welche Momente waren es, die Ihr Interesse am anderen geweckt haben? Welche Bilder kommen Ihnen von den ersten magischen Momenten? Was waren die Beweggründe, zusammenzukommen?

Erinnern Sie sich daran, was Sie anfänglich an Ihrer Partnerin, Ihrem Partner am meisten fasziniert hat, was Sie am meisten geliebt haben.

Reflektieren Sie: Was ist Ihre ganz besondere Aufgabe als Paar? Was bringen Sie gemeinsam in die Welt? Was ist das Neue, das Dritte, das durch Ihre Verbindung entstanden ist oder entsteht? Was könnte Ihr verbindender gemeinsamer Auftrag sein? Was macht Ihre Liebe aus? Wie pflegen Sie sie? Was hält Ihre Liebe zusammen? Was verbindet Sie? Nehmen Sie sich Zeit, sich Ihre Bilder, Gefühle und Gedanken zu den Fragen in Ruhe zu erzählen und gemeinsam die verbindenden Kräfte Ihrer Paarbeziehung zu erkunden. Hören Sie gut zu. Schreiben Sie sich Ihre Erzählungen auf und erinnern Sie sich regelmäßig daran.

Die Erinnerung an den Anfangsfunken und an die verbindenden Kräfte, die das Paar zusammengeführt haben, macht die positiven Gefühle des Beginns wieder lebendig. Es wird fühlbar, dass dieses Positive immer noch da ist, wenn vielleicht auch unter Verletzungen verschüttet. Zugleich kann es sein, dass das, was am Anfang am meisten faszinierte, später zu dem wird, was die Partnerin ablehnt: Die Entspanntheit des Mannes, die der Frau anfangs guttat, nervt sie im Laufe der Jahre als Lethargie. Umgekehrt war der Mann vielleicht anfangs sehr von ihrer strebsamen und kraftvollen Energie fasziniert, bis er nach einigen Jahren die beständige Betriebsamkeit und ihren ruhelosen Geist immer heftiger kritisiert. Hier sind beide eingeladen, das, was der Partner ausgleichend lebt, selbst in sich zu entwickeln, um es an ihm wieder wertschätzen zu können. Dann können die schönen Seiten des anderen wieder neu entdeckt werden.

Gerade wenn wir an einem Tiefpunkt in unserer Partnerschaft angelangt sind, bringt ein Blick auf die ursprüngliche Verbundenheit eine neue Ausrichtung in die Beziehung. Denn wenn wir in einen Konflikt verstrickt sind, wird leicht vergessen, wie stark das Fundament der Beziehung eigentlich ist. Die Erinnerung an die Zeiten großer Verbundenheit und die starken Augenblicke der Beziehung können in der Krise zu den wichtigsten Verbündeten werden.

Das Band der Liebe besteht nicht nur darin, dass wir bestimmte Seiten des Partners lieben und er umgekehrt Eigenschaften von uns. Der andere kann vielmehr auch etwas Neues in uns hineinlieben, und wir können durch die Art und Weise, wie er oder sie auf uns blickt, vollständiger werden und uns selbst neu erkennen. Manchmal lieben wir auch einfach den liebenden Blick des anderen und das, was er in uns hineinliebt.

Liebe als Erfahrung von Ganzheit und Entwicklung

Schon Platons Gleichnis, dass Mann und Frau wie zwei Hälften einer Kugel sind, die ursprünglich eins waren und die sich erst dann vollständig fühlen, wenn sich die Hälften vereinigen, deutet an, wie zentral die Erfahrung von Ganzheit für das Band der Liebe ist. In seinem Gedicht »Liebeslied« findet der Dichter Rainer Maria Rilke ein treffendes Bild dafür:

Doch alles, was uns anrührt, Dich und mich,
nimmt uns zusammen wie einen Bogenstrich,
der aus zwei Saiten EINE Stimme zieht.[8]

Das Bild für die Ganzheitserfahrung ist die eine Melodie, die aus zwei Saiten gezogen wird und doch einen Ton ergibt. Es drückt das Gewahrsein aus, dass aus zwei Einzelwesen ein neues Ganzes hervorgeht. Die Liebe macht aus eins plus eins gleich drei. Die Beziehung ist das Dritte, das Wir.

Die Ganzheitserfahrung in der Liebe hat viele unterschiedliche Schwingungsebenen. Sie reichen von spirituellen, körperlichen, unbewussten Ebenen bis hin zu erlebten Gemeinsamkeiten, gemeinsamen Wertvorstellungen, Interessen, Beziehungsmodellen.

Zunächst kann sich die Ganzheitserfahrung einfach auf sich ergänzende Fähigkeiten beziehen.

Marion ist eine sehr aufgeweckte Frau, die schnell in Kontakt mit anderen Menschen kommt und die Gesellschaft anderer liebt. Sie redet gerne, ist kommunikativ und schafft schnell eine gelassene Atmosphäre unter Menschen. Paul, ihr Mann, ist eher zurückgezogen, still und liebt es, sich stundenlang mit seinen Büchern, in seinen geistigen Welten oder mit Recherchen zu beschäftigen. Lange Zeit profitieren die beiden von den Stärken des anderen und fühlen sich gegenseitig bereichert. Erst als Paul einige Jahre vor Marion in den Vorruhestand wechselt und er sich zunehmend sozial isoliert, möchte sie seine Rückzugstendenzen nicht mehr ausgleichen müssen.

Hier wird deutlich, dass die Partner ihre gegenseitigen Schwächen akzeptieren und annehmen. Beide fühlen sich gerade durch die Polarisierung ganz. Die Ganzheitserfahrung entsteht darüber, dass sie sich an ihren Stärken teilhaben lassen. Sie funktioniert so lange, wie beide Partner mit der Polarisierung einverstanden sind.

Eine tiefe Ganzheitserfahrung ist der Aspekt der körperlichen Verschmelzung. In der erotischen Begegnung lösen sich die Grenzen zwischen Ich und Du auf. Das Paar wird zu einer Seele, zu einem Körper und teilt meist ein Exklusivrecht auf diesen intimsten Bereich. Dadurch entsteht – je nach Beziehungsmodell – mitunter auch auf einer energetischen Ebene – eine bezogene Einheit.

Die dritte Ganzheitserfahrung ist ganz anderer Natur. Dahinter liegt der Gedanke verborgen, dass wir den Partner unbewusst entsprechend alter Beziehungsmuster wählen mit der tieferen Intention, diese zu heilen. Ganzheit bezieht sich hier eher auf den einzelnen Menschen: Die Partnerin unterstützt – vielleicht sogar durch ihre schwierigen Seiten – uns darin, über frühere, verletzende Muster hinauszuwachsen. Die erlebte Ganzheit besteht darin, sich durch den Lern- und Heilungsprozess selbst als vollständiger zu erleben.

Diese Sicht kann in krisenhaften Paarsituationen hilfreich sein. Das, was schwierig ist, wird zur Lern- und Heilungsaufgabe in Bezug auf frühere Verletzungen. Eine Reihe von Beziehungsmodellen beruht auf dieser Sichtweise, dass Paare ganz individuelle Entwicklungsaufgaben miteinander haben. Die unbewusste Partnerwahl bedeutet, gemeinsam zu lernen und sich auch über Familiengenerationenmuster hinaus zu entwickeln. Solange es Entwicklung gibt, kann die Beziehung erfüllt weitergehen. Ist keine Entwicklung mehr möglich, ist die wachsende Beziehung gefährdet.

Eine vierte Dimension des Ganzheitsaspekts bezieht sich darauf, dass beide, Partnerin und Partner, sich als Teil einer größeren Ganzheit erleben. Sie spüren die Liebe als göttliche Kraft oder auch als Ausdruck des Göttlichen selbst. In ihr erfahren beide eine Qualität von heiliger Verbundenheit, die über das menschlich Fassbare und irdisch Erklärbare hinausweist. Die Verbundenheit von Mann und Frau symbolisiert immer auch den Ursprung allen Lebens und die Fruchtbarkeit, die das Leben erhält. Beide transzendieren miteinander sich selbst, hinein in ein umfassenderes Größeres der Schöpfung.

Liebe und Verliebtsein: Projektion und überzogene Erwartung? Die Anfangsphase der Liebe, das Verliebtsein, wird in unserer Kultur sehr vielschichtig gewertet. Von einem göttlichen Zustand über ein vergängliches Gefühl, Romantisierung, Verblendung bis hin zu Heilung reichen die Zuschreibungen. Klar ist: Paare im Anfangsstadium verwechseln meist das kribbelnde Gefühl des Verliebtseins, der Schmetterlinge im Bauch, mit Liebe.

Verliebtsein wird in der psychologischen Literatur auch mit einem fast psychoseähnlichen Zustand verglichen, in dem die »rosarote Brille« das gesamte psychische System einer Person zunächst destabilisiert. Verliebte färben mit dieser Brille die Wahrnehmung des anderen in ein goldenes, verzaubertes Licht. Die Partnerin wird in ihren besten Seiten, in ihren höchsten Potentialen wahrgenommen. Wider besseren Wissens werden kleine Unzulänglichkeiten, die später in der Beziehung zu erheblichen Schwierigkeiten führen können, ausgeblendet. Im besten Fall sehen wir in den anderen Menschen das hinein, wie er von der Schöpfung gemeint sein könnte.

Eine weitere Form der Projektion besteht darin, dass wir in der romantischen Liebe zur Partnerin unsere spirituelle Verbundenheit mit dem größeren Ganzen auszudrücken suchen. Dies kann zu einem übermäßigen Verlangen nach der Partnerin führen, um die allumfassende Verbundenheit zu spüren. Die ganze Leidenschaft richtet sich auf den anderen, statt dass sie in der Verbindung mit einer spirituellen Quelle – mit dem Göttlichen, dem Urgrund des Seins – gelebt wird.

Seit drei Jahren ist Petra, Ende vierzig, mit ihrem Partner Claus zusammen. Die Beziehung beschreibt sie als einzigartig, noch nie dagewesen und alles übertreffend, was sie je an tiefen Gefühlen erlebt hat. Er sei ihre zweite Hälfte und umgekehrt – sie würden sich ohne Worte verstehen. Petra kommt alleine in die Paarberatung, um zu ergründen, warum sie immer wieder tagelang in den Rückzug gehe und nach einem Streit nicht einfach auf Claus zugehen könne, worunter dieser sehr leide. Im Gespräch zeigt sich weiter, dass Claus mit starken Verlassenheitsängsten reagiert, weshalb Petra viele Aktivitäten in ihrem Leben aufgegeben hat.

Petra spürt, wie sinnvoll ihre Auszeiten eigentlich für sie sind, weil sie während dieser Zeit nur mit sich selbst Kraft schöpfen kann für eine neue, versöhnliche Haltung. Diese Strategie versagt sie sich jedoch, weil sie mit ihrem Rückzug Claus' altes Beziehungsmuster anstößt: die Angst, verlassen zu werden. Letztendlich kommt es dann aber nach ein paar Tagen für sie zu einer unerträglichen Situation, bis sie weggehen muss, um sich selbst wiederzufinden.

Hohe Erwartungen, die wir an unsere Partnerin haben, deuten auf Projektionen hin. Der heutige große Anspruch an Intimität impliziert, dass der eigene Partner die engste Bezugsperson sein soll. Das war in früheren Zeiten nicht so selbstverständlich. Männer und Frauen lebten eher in geschlechtsspezifischen Welten und waren sich auch fremder. Und gleichgeschlechtliche Partnerschaften waren früher so gut wie unmöglich. Die Erwartung, sich nah zu sein, ist heute viel stärker ausgeprägt. Werden die Erwartungen nach Nähe nicht erfüllt, sind Schuldzuweisungen, Liebesentzug oder kleine Racheakte schnell an der Tagesordnung.

Dabei gibt es im Alltag für Paare viele Aufgaben zu erfüllen und Verantwortung zu übernehmen: im Beruf, in der Familie, in der Gemeinschaft. Die Rolle des einzelnen Menschen als Partner bzw. Partnerin in einer Liebesbeziehung reduziert sich zunehmend zugunsten anderer Rollen, während sie anfangs im Zentrum steht. Das vergrößert die Gefahr, dass die Intimität von der Alltagsroutine überschattet wird.

Dolores Richter findet für die Anspruchshaltung auf Seiten der Frau starke Worte: »Frauen, wir haben einen Anspruch an Männer entwickelt, der sich gewaschen hat! Befreien wir den Mann davon, Vater, Liebhaber, Inspirator, Begleiter, Partner, Verführer, Beschützer, Vater unserer Kinder, immer gleichliebender Gott und alles in einem zu sein. Erst dann haben wir die romantische Liebe in unserem Inneren wirklich abgeschafft.«[9] Umgekehrt gilt natürlich auch: Männer stellen oft übergroße Ansprüche an ihre Partnerin und wünschen sich die finanziell unabhängige, beruflich erfolgreiche kraftvolle Frau, die gleichzeitig faszinierende Sexgöttin, den Mann und die Kinder umsorgende liebende Gattin und Mutter sowie geistreiche, den Mann inspirierende Partnerin auf Augenhöhe sein soll.

21

Mit unseren Ansprüchen und Erwartungen an den anderen bewegen wir uns auf dem schmalen Grad der Projektionen. Wir sehen in den Partner etwas hinein, was nicht da ist, sowohl am Anfang der Beziehung im Positiven als auch am Ende an Negativem.

Die Idealisierung ermöglicht jedoch, dass wir in den anderen das hineinsehen, was seine besten Möglichkeiten sind und was wir selbst über unser Gewordensein hinausentwickeln können. Indem der andere uns idealisiert, können wir lernen, die guten Seiten in uns zu entwickeln und hervorscheinen zu lassen, die der Partner in uns sieht. Fragen Sie sich also einmal:

- Welche Bereiche meiner Person erkennt meine Partnerin besonders in mir und hilft ihnen damit zum Leben?
- Wie kann ich die Seiten, die mein Partner in mir erweckt, noch weiter entwickeln?

Intimität und Vertrauen

Verbundenheit, Intimität und Vertrauen sind Grundpfeiler einer gelingenden Partnerschaft und zentrale Bindungskräfte.

Vertrauen und Verbundenheit entstehen über die viele gemeinsam geteilte Lebenszeit, gemeinsame Interessen, das gemeinsame Durchleben von Schicksalsschlägen und freud- sowie leidvollen Lebensereignissen. Paare begleiten sich bei ihren ganz persönlichen Entwicklungen im Leben. Durch gemeinsame Projekte, die Geburt und das Begleiten der eigenen Kinder, der regelmäßige Austausch über das, was einen innerlich bewegt, vertieft sich die Bindung. Besonders die Erfahrung, durch eine gemeinsame Not zu gehen, sich im Leid zur Seite zu stehen, in schwierigen Lebenssituationen Rückendeckung durch die Partnerin zu erfahren, das Gefühl, nicht alleine zu sein, sondern getragen zu werden, schweißt das Paar eng zusammen.

Die Beziehung wird so zu dem Ort, wo wir uns zugehörig fühlen, wo wir die sein können, die wir sind. Auch wenn jede für sich ein Individuum ist und bleibt, entsteht ein »Beziehungsselbst«. Das Paar ist im Beziehungsselbst zu einem unbewusst verbundenen Beziehungsgefüge verwoben. Es entsteht eine Definition als »Wir«. Ein neues System ist kreiert, das immer auch Auswirkungen auf andere bisherige Systeme im Leben der Partner hat und die alten Systeme, z. B. die Herkunftsfamilie oder frühere Systeme wie Verbindungen, die aus einer ersten Ehe stammen, durcheinanderbringen kann.

Intimität

Die körperliche, emotionale und räumliche Nähe in der partnerschaftlichen Verbundenheit weist wohl den größten Grad an Intimität auf, der zwischen zwei Menschen entsteht. Keinen Menschen lassen wir so tief körperlich und seelisch an uns heran und in unsere Lebensbezüge hinein wie die Partnerin bzw. den Partner. Es erinnert an zwei Bäume, die dicht nebeneinander gepflanzt sind und im Laufe von Jahren mit den Zweigen und Wurzeln mehr und mehr ineinander verwachsen, sodass manchmal nicht mehr erkennbar ist, welcher Ast und welche Wurzel zu welchem Baum gehört. Diese Erfahrungen von Verschmelzung, die zahlreichen Momente authentischer, tiefer Begegnung und das Erleben des gemeinsamen Wachsens führen zu Intimität, Vertrauen und Liebe. In dieser Form der Verschmelzung kann sich die Unterscheidung von Ich und Du aufheben. Das wird dann vor allem im Prozess der Erkenntnis und Rücknahme der gegenseitigen Projektionen bedeutsam, wenn nicht mehr klar erkennbar ist, welche Eigenschaften zu wem gehören und von wem entspringen.

Für den amerikanischen Sexualtherapeuten David Schnarch bedeutet Intimität, »dass wir unseren eigenen Geist in Gegenwart unseres Partners spiegeln und gleichzeitig zulassen, dass auch unser Partner unseren Geist spiegelt«[10]. Sobonfu Somé begreift Intimität als einen »Gesang, der zwei Menschen dazu einlädt, ihre Spiritualität miteinander zu teilen«[11].

Intimität ist nichts Statisches. Sie kann immer wieder erlebt werden, wenn sich beide Partner im Beziehungsraum von Neuem öffnen, offenbaren und verletzlich bleiben, d.h. sich nicht vor dem anderen emotional abschotten.

Im Anfangsstadium der Partnerschaft ist die Intimität aufgrund der starken Anziehung leicht spürbar. Unter der Einwirkung des Alltags und der Gewohnheit kann sie sich verlieren. Küsse werden flüchtig, die Kommunikation nimmt ab, das Entkleiden abends geschieht nebenbei. Der intime Raum ist so selbstverständlich

23

geworden, dass er nicht mehr als solcher bewusst wahrgenommen wird.

Aus diesem Grund ist es in langjährigen Beziehungen besonders wichtig, Vertrauen und Intimität aktiv als Entscheidung und bewusste Zuwendung im Alltag lebendig zu halten. Blumen, die nicht gegossen werden, verwelken. Ein Garten ohne Kompost und Humus verliert im Laufe der Jahre seine Fruchtbarkeit. Wie die Blumen und die Erde brauchen Beziehungen immer wieder unsere Aufmerksamkeit und achtsamen Handlungen. Sie wollen gegossen und gedüngt werden, um nicht einzugehen. Dadurch können sie sich erneuern. Auch das Ja-Wort, welches sich Paare zu Beginn ihrer Beziehung gegeben haben, muss immer wieder bekräftigt und erneuert werden. Dieses zyklische Verständnis heißt: Bindung und Vertrauen ist nichts selbstverständlich Gegebenes, sondern wird über bewusste Handlungen immer wieder neu kreiert.

Eine dauerhafte, reife Beziehung entwickelt gemeinsame kleine Rituale, die die Beziehung zueinander stärken und die Intimität fördern. Paarzeiten und Paarräume sollten verbindlich geplant und bewusst gestaltet werden, um nicht im Alltag unterzugehen. Diese Zeit mit etwas zu verbringen, was beide erfüllt und was beide gerne haben, schafft Intimität.

Vertrauen

Vertrauen in Paarbeziehungen bedeutet, sich aus einer tiefen Haltung heraus darauf zu verlassen, dass der Partner integer, wohlwollend und aufrichtig ist. Vertrauen ist mit vielen Werten verbunden: Offenheit, Loyalität, Ehrlichkeit, Fairness, Diskretion, Glaubwürdigkeit, Zuwendung, Respekt, Aufrichtigkeit und Zugänglichkeit. Vertrauen ist so lange selbstverständlich und existiert fast unmerklich, bis es in Frage gestellt wird.

Eine der wichtigsten Quellen, aus denen sich tiefes Vertrauen in Partnerschaften speist, ist das Versprechen, gemeinsam durch das Leben bzw. durch Lebensabschnitte zu gehen. Dieses Versprechen kann bewusst oder unbewusst, formal oder informell gegeben sein. Fehlt dieses klare Ja zum Partner, kann das die Beziehung auf Dauer zermürben.

Die Fähigkeit, der Partnerin zu vertrauen, hängt vom eigenen Vertrauen ins Leben und von der persönlichen Haltung ab. Diese wiederum sind geprägt vom Urvertrauen, das uns in der eigenen

24

Herkunftsfamilie vermittelt wurde, und davon, wie wir gelernt haben, Vertrauen als Kompetenz in uns selbst zu entwickeln. Vertrauen ist eine Entscheidung.

Zu vertrauen heißt, verletzlich und damit auch berührbar zu bleiben und sich einzugestehen, in gewisser Weise vom Wohlwollen des anderen abhängig zu sein. Aktives Vertrauen bedeutet, die eigene Verwundbarkeit als Teil unserer tiefen Gefühle für den anderen zu akzeptieren. Denn durch das tief gewachsene Vertrauen sind wir besonders darin erschütterbar. Das eigene Vertrauen in den anderen bindet. Je größer die eigene Vorleistung an Vertrauensvorschuss ist, desto größer die bindende Wirkung. Das einmal in uns gesetzte Vertrauen möchten wir nicht enttäuschen.[12] Macht ein Paar die Erfahrung, dass es immer wieder in den Raum von gegenseitigem Vertrauen und Intimität einkehren kann, fördert und unterstützt dies langfristig die Bindung.

Tiefes Vertrauen geht damit einher, auf die Kontrolle der anderen Person zu verzichten aus der Erwartung heraus, dass sie integer ist. Die gelebte Realität von Paaren pendelt zwischen dem geflügelten Wort, dass die Liebe ein Kind der Freiheit ist, und dem persischen Sprichwort: »Vertraue auf Allah und binde dein Kamel fest«, hin und her.

Unversöhntes entsteht oft dort, wo der intime Raum preisgegeben oder das Vertrauen verraten wird. Vertrauensbrüche ereignen sich dann, wenn die Aufrichtigkeit fehlt oder der Partner als unzuverlässig, ungerecht, unberechenbar erlebt wird, sodass der intime Raum verletzt wird. Auch persönliche Angriffe, das permanente Hinweisen auf Unzulänglichkeiten sowie eine urteilende und entwertende Haltung führen zu Vertrauensverlust. Die bei einem Vertrauensbruch entstehenden Gefühle reichen von Ohnmacht, Verzweiflung über Wut, Enttäuschung bis hin zu Trauer. Sie können zu Rückzug, Misstrauen, Angriff oder Versuchen der Wiedergutmachung führen.

Wenn wir unser Vertrauen verloren haben, fragen wir uns: Wie kann ich wieder neu vertrauen? Ein Schlüssel liegt darin, zu verstehen, was dahinterliegen könnte. Ein erlebter Verrat durch den anderen könnte z. B. darauf hinweisen, dass der andere sich in der Beziehung zu lange selbst verraten hat, sich aufgrund von Anpassung an die Wünsche und Erwartungen des anderen selbst verleugnet und sein eigenes Leben nicht mehr gelebt hat. Es gibt Situationen, in

25

denen wir bereit sein müssen, andere zu verraten, um uns selbst treu zu sein. So kann es in Partnerschaften dazu kommen, dass der eine Partner etwas möchte, was die Partnerin nicht mit ihm teilen kann oder will. Ein Verrat in der Partnerschaft entsteht oft dort, wo sich ein Partner selbst untreu geworden ist.

Bei Situationen von Vertrauensbruch steht oft ein Prozess der Versöhnung an, um wieder zueinanderzufinden. Versöhnung ringt uns die bewusste Entscheidung und Bereitschaft ab, in die Haltung des Vertrauens zurückzufinden. Im Versöhnungsprozess zeigen sich die Partner in ihrem Schmerz und mit ihren Schattenseiten. Auch das ist sehr intim. Der Prozess einer aktiven Versöhnung kann daher zu großer Nähe und Intimität führen.

Übung: Wie steht es bei uns mit dem Vertrauen?

Reflektieren Sie als Paar oder für sich alleine:
- Was sind die kritischen Themen in unserer Partnerschaft, die mit Vertrauen zu tun haben?
- Was sind die größten Hürden, uns gegenseitig zu vertrauen?
- Welche unserer gelebten Strategien und Gewohnheiten stehen im Gegensatz zu Vertrauen?
- Was tun wir, um unter uns Vertrauen und Intimität zu fördern?
- Wie haben wir in der Vergangenheit wieder zum Vertrauen zurückgefunden, wenn wir es einmal verloren haben?

Auch wenn es bei jedem Paar anders aussieht, seien hier ein paar allgemeine Möglichkeiten erwähnt, die Vertrauen fördern:
1. Räume und Zeiten für Verbundenheit schaffen, z. B. über feste Zeiten, um sich über das eigene innere Erleben von Alltagsdingen und anderen Ereignissen auszutauschen, die Pflege gemeinsamer Hobbys, das gemeinsame Gestalten.
2. Sich selbst dazu verpflichten, Fehler einzugestehen, Versprechen zu halten, aufrichtig zu sein, sich selbst treu zu bleiben, sich mit der eigenen Wahrheit, den eigenen Hoffnungen, Wünschen und Nöten authentisch zu öffnen und mitzuteilen.
3. Hoffnungen, Wünsche, Sorgen des Partners ernst nehmen, statt

fundamentale Veränderungen des anderen zu erwarten oder bewirken zu wollen.

4. Der Partnerin ihre einzigartige Bedeutsamkeit für das eigene Leben vermitteln.

5. Selbstverantwortung leben: wenn der Partner Verantwortung für etwas übernimmt und Entscheidungen fällt, ihm entweder vertrauen oder mitgestalten.

6. Ohne Forderung um Beistand bitten, die Hilfe der Partnerin annehmen, sich gegenseitig unterstützen in alltäglichen Aufgaben und in emotional belastenden Situationen.

7. Kritisches nur mit realistischen Ideen für Veränderungen äußern und sich so vom Dialog über Schwächen zum Gespräch über Stärken hinbewegen.

8. Eigene Erwartungen reflektieren und anpassen.

9. In Übereinstimmung mit dem handeln, was man gesagt hat.

Die trennenden Muster – die Verletzungen

Neben den Bindungskräften wirken in Beziehungen oft auch Trennungskräfte. Sie dienen dazu, uns vom anderen zu unterscheiden, und helfen dabei, immer wieder aus dem Beziehungsselbst in ein eigenständiges Wesen herauszutreten. Sie können aber auch zu Verletzungen führen, die unversöhnbar erscheinen. Manchmal sind die Verletzungen so groß, dass Paare tagelang nicht mehr miteinander sprechen oder wochenlang in Groll nebeneinanderher leben. Unversöhntes schafft Unfrieden in uns und kann eine destruktive Qualität in die Beziehung bringen. Die Leidtragenden sind oft wir selbst oder unsere physischen, geistigen oder ideellen Kinder. Nicht verziehene Verletzungen schieben sich trennend zwischen Paare.

Alltägliche und außergewöhnliche Herausforderungen für Paare

Eine Paarbeziehung stellt Menschen – bei aller Liebe – vor eine Reihe alltäglicher und auch außergewöhnlicher Herausforderungen. Sie reichen von den Fragen, ob das Paar mit offenem oder geschlossenem Fenster schläft, in einem Bett oder getrennt, zusammenlebt oder nicht, Kinder bekommt, Projekte initiiert, zusammenarbeitet, heiratet oder nicht, zu den älter werdenden Eltern zieht oder diese zu sich nimmt, bis hin zu Fragen, wie sie die Kinder erziehen, die Finanzen regeln, sich mit dem Älterwerden auseinandersetzen oder mit Krankheiten und Schicksalsschlägen umgehen.

Immer wieder will in all den vielen kleinen und großen Entscheidungsprozessen eine stimmige Balance gefunden werden zwischen Nähe und Autonomie, Geben und Nehmen, Arbeit und Familie, Gemeinschaftssinn und Eigensinn, Paarleben und eigenem Leben. Dass dieses Vorhaben eine permanente Herausforderung darstellt und fast unmöglich erscheint, leuchtet schnell ein. In all den Fragen und Entscheidungssituationen des Alltags prallen zudem Beziehungsmodelle, Lebensentwürfe, unterschiedliche Erfahrungen und Werte ebenso aufeinander wie unterschiedlich gelernte Kommunikationsstile, Stresstoleranz und ganz normale Überforderungssituationen.

Therese und Martin kennen ein bestimmtes Beziehungsmuster von sich nur zu gut. Während sie in Stresssituationen mit Wut, Ärger und einer Salve von verbal vernichtenden Äußerungen reagiert, zieht er sich zurück, wird still, verstummt und möchte eigentlich nur aus der Situation fliehen. Er stellt sich die Frage, ob er sich jeder ihrer Stimmungen aussetzen müsse oder auch Nein sagen, sich entziehen und abgrenzen darf. Dieser Frage war eine für ihn sehr charakteristische Situation vorausgegangen: Er kam von der Arbeit nach Hause, sie telefonierte, sodass es keine Möglichkeit gab, sich kurz über den Verlauf des Abends abzusprechen. Sie wollte noch schnell dringende Computerarbeiten erledigen, er kochte das Abendessen. Der Computer stürzte ab, sie geriet in Stress, die Kinder waren ihr viel zu laut und sie bat ihn, doch die Kinder mit in die Küche zu nehmen. Er erwiderte, dass die Kinder gar nicht so laut wären und doch gerade so schön spielen würden. Für sie war das mal wieder der Beweis, dass er sie nie unterstützt und dass sie selbst immer für die Kinder da sein muss. Er wiederum hörte nur ihre Forderung und spürte seinen Wunsch, sich der Situation und ihrer gestressten Stimmung zu entziehen.

In der gemeinsamen Reflexion erkannten Therese und Martin, dass sie in Situationen von Überforderung in das Muster von Forderung und Rückzug verfielen. Deshalb wollten sie die tieferliegenden Themen der subjektiv als gerecht erlebten Aufgabenverteilung in Ruhe reflektieren. Therese nahm sich vor, in Zukunft achtsamer für ihre eigenen Bedürfnisse zu sein und im Vorfeld klare Bitten um Entlastung zu formulieren. Martin nahm sich vor, in Zukunft direkt mit ihr abzusprechen, wie sie den Abend gestalten wollen, und sich nicht schuldig zu fühlen, wenn er sich ihrer Stimmung entzieht.

Diese Alltagssituation aus einer Paarbeziehung zeigt, wie schnell in den Anforderungen des Alltags das, was uns an Liebe und Bezogenheit wichtig ist, in Vergessenheit geraten kann. Eine Mischung aus Unbezogenheit, mangelnder Einfühlung und Unaufmerksamkeit, meist aus Überforderung, führt dazu, dass wir den Partner nicht mehr achtsam wahrnehmen, sondern verletzen.

Dafür gibt es eine Reihe von Beispielen: Sie erzählt anderen in der Öffentlichkeit intime Informationen, die er vertraulich behandelt wissen wollte. Er verteidigt in einer neuen Patchworkfamilie die Interessen seiner Exfrau, was seine Partnerin zutiefst verletzt.

Routine, Entfremdung, Schuldzuweisungen und innere Verurteilungen können aus der großen Liebe eine anstrengende, zermürbende, manchmal auch kaum mehr zu ertragende Lebenssituation machen. Oft geht der Respekt voreinander verloren. Es entsteht Trennungsaggression oder es wird mit Trennung gedroht.

In dem Glauben, dass sich die Situation schon irgendwie von selbst regle, und in dem Wunsch, eine dramatische Situation möglichst schnell wieder zu vergessen, kehrt das Paar zur gewohnten Routine zurück. In der Seele aber bleibt ein tiefer Riss, der im Alltag mit seinen vielen Aufgaben meist im Verborgenen bleibt. Gefühle von Entfremdung und Leere schleichen sich ein. Die Bezogenheit nimmt deutlich ab. Sexuelle Begegnungen nehmen ab oder es wird versucht, über Sex eine Scheinnähe herzustellen.

Im Alltag entstehen Kränkungen, wenn Handlungen als ungerecht erlebt werden, wenn Wertschätzung und Verständnis fehlen. Besonders kränkend werden Zurückweisung, Ignoranz, Bloßstellung und verbale Attacken erlebt. Auf Unachtsamkeiten und Missverständnisse reagieren wir mit Wut oder Rückzug. Fühlen wir uns schlecht behandelt, sind wir empört, wütend, bemitleiden uns oder verstricken uns in Kampf und Rachegedanken. Da diese Emotionen das Beziehungsklima vergiften können, ist es wichtig, sie nicht erst auf einer Art Konto nachzutragen, sondern sie möglichst zeitnah aus dem Weg zu räumen.

Bleiben diese Alltagssituationen unverstanden, häufen sie sich als Verletzung an und entwickeln eine Art seelisches Eigenleben. Beziehungsepisoden rufen dann schnell Typisierungen auf den Plan: »Immer werde ich im Stich gelassen«, »Immer muss ich für alles zuständig sein«, »Immer denkt sie nur an sich«. Bleiben das Mitgefühl füreinander, die Wahrnehmung des eigenen Anteils an der Situation sowie der liebevolle Blick aus, verdichtet sich ein negatives Bild der Partnerin. Die andere ist plötzlich »schuld« an der lieblosen Beziehung. Nicht das, was konkret passiert ist, wirkt dann weiter als trennende Kraft in der Beziehung. Vielmehr sind es die unausgesprochenen wütenden Geister von Schuldzuweisung und Verurteilungen.

Die Folge unversöhnter Verletzungen ist ein innerer Rückzug, um uns scheinbar zu schützen. Wir schieben den Partner regelrecht von uns weg, lassen ihn immer weniger an uns heran. Dadurch vergeben wir uns aber auch die Möglichkeit, in Paarräume von echter Nähe und Verbundenheit zu tauchen. Zugleich wächst die Sehnsucht danach, endlich wieder zusammenzufinden.

Eine weitere Besonderheit alltäglicher Herausforderungen sind die sich früher oder später in fast jeder Paarbeziehung einstellenden Verpflichtungsgefühle. Es ist die Bindung und das Einverständnis, zusammenzuhalten, welches uns Rücksicht nehmen lässt. In gewisser Weise ist der oft gehörte Satz »In guten wie in schlechten Zeiten« hier auf einer tieferen Ebene prägend. Ganz unabhängig von diesem Satz gibt es in intimen Beziehungen meist das Grundbedürfnis, Ungleichheiten auszubalancieren, seien sie finanzieller, zeitlicher oder energetischer Natur. An sich sind diese Verpflichtungsgefühle gut. Sie können aber hinderlich werden, wenn sie zu einseitig oder selbstverständlich werden.

Frieda hat seit vielen Jahren die Aufgabe des Kochens für die Familie übernommen. Als sie nach dem Auszug des letzten Kindes eine Führungsfunktion übernimmt, entscheidet sie sich dafür, nicht mehr zu kochen und auch nicht mehr die Wäsche zu waschen. Ihr Mann ist irritiert, fühlt sich vernachlässigt und kann kaum würdigen, was sie all die Jahre zuvor geleistet hat.

Kommt es in langfristigen Beziehungen zu subjektiv erlebten Ungerechtigkeiten, sucht die Seele nach Ausgleich. Vor allem wenn es lange Zeit diese Ungleichheiten gab, ist es erfahrungsgemäß auf einer objektiven Ebene kaum möglich, so etwas wie Gerechtigkeit herzustellen. In dem Moment, in dem Paare anfangen, über Gerechtigkeit zu verhandeln, wird es oft noch verstrickter als vorher. Es können regelrechte Kleinkriege entstehen um Gerechtigkeit und Verantwortung, etwa darum, wann wer den Müll rausgetragen hat. Respektvolle Formen des Ausgleichs können hier eine Balance wiederherstellen. Eine wichtige innere Haltung in diesem Aushandlungsprozess ist dabei das Wissen, dass das, was wir gegeben haben, nicht immer von dem Menschen zu uns zurückkommt, dem wir gegeben haben, sondern dass es auf anderen Wegen zu uns zurückfindet. Diese Haltung ermöglicht uns, eine Großzügigkeit zu leben, die uns auf einer tieferen Ebene versöhnen kann und uns vor Gefühlen, ausgenutzt oder benutzt worden zu sein, bewahrt.

Alltägliche Ungleichgewichte in Beziehungen entstehen auch dort, wo einer der Partner bedürftiger ist. Die Bedürftigkeit kann dabei emotionaler Natur sein, sich aber auch auf Nähe, Sexualität, organisatorische oder finanzielle Unterstützung beziehen. Außergewöhnliche Erfahrungen stellen Paare vor besondere Herausforderungen. Das können Belastungen durch Krankheit, wie z. B. eine psychische oder körperliche Erkrankung sein.

Anne und Ralf haben drei Kinder. Ihr Jüngster kam schwerst mehrfachbehindert zur Welt. Als er im Alter von 12 Jahren nach einer jahrelangen Odyssee von Operationen und intensivster Fürsorge mit Rundumbetreuung starb, brach für beide eine Welt zusammen. Und dann mussten sie plötzlich auch noch erkennen, dass sie sich in gewisser Weise beide jahrelang hinter der Krankheit des Kindes versteckt hatten, das immer im Mittelpunkt stand. Der Tod des Sohnes bedeutet für beide einen großen Lebensübergang, auch in ihrer Paarbeziehung, der bewältigt werden will und beide neu auffordert zu erkennen, wer sie als Paar jenseits der Bedürfnisse ihres Sohnes sind. Ihre Beziehung muss noch einmal ganz neu »erwachsen« werden.

Krisen als unbewältigte Übergänge

Paare durchlaufen während ihrer Beziehung eine Vielzahl von Übergängen. Ob das Paar sich für oder gegen Elternschaft, Projekte, Wohnortwechsel entscheidet, die Kinder aus dem Haus gehen, persönliche, berufliche oder lebenszyklische Entwicklungen geschehen – all diese Übergänge gehen mit veränderten Lebenszusammenhängen einher. Es verändern sich die gegenseitigen Abhängigkeiten, Rollen wechseln und neue Haltungen und Aufgaben wollen in der Paarbeziehung erprobt und gelernt werden. Es gibt feine Verschiebungen in der Ausrichtung der Prioritäten. In all diesen Übergängen verschiebt sich die Balance von Geben und Nehmen, Durchsetzung und Anpassung sowie von Nähe und Distanz und will neu verhandelt werden.

Einerseits handelt es sich um vorhersehbare Übergänge im Leben, wie die Geburt des ersten Kindes, die Wechseljahre oder der Tod der Eltern. Andererseits initiieren auch kritische Ereignisse einen Lebensübergang, wie der plötzliche Verlust der Arbeitsstelle, ungeplante Umzüge oder die chronische Erkrankung eines Partners.

Übergänge sind in Paarbeziehungen oft krisenanfällige Zeiten. Eine Krise in der Beziehung entsteht dann, wenn Übergänge in ihrer Dynamik und Auswirkung auf die Partnerschaft nicht ausreichend verstanden, bewusst gewürdigt werden oder nicht gelingen. Unbewältigte Übergänge können eine Reihe von weiteren Verletzungen nach sich ziehen. Enttäuschungen, Untreue und Streit über Verantwortung sind nur einige Varianten.

Isabelle und Johannes sind ein beruflich sehr erfolgreiches und ein ausgeprägt leistungsorientiertes Paar. Als ihr zweites Kind mehrfach behindert auf die Welt kommt, gibt sie ihren Beruf auf und begleitet das Kind intensiv bei den vielen Operationen, Krankenhausaufenthalten und Alltagsaufgaben. Auch nach drei Jahren zeigt sich, dass Johannes diesen Übergang nicht bewältigt und seine neue Rolle als Vater eines behinderten Kindes noch nicht eingenommen hat. In seinen Augen sollte Isabelle wieder arbeiten gehen. Isabelle fühlt sich sehr verletzt, als er ihr vorwirft, sie sei ja nur noch die Mutter eines behinderten Kindes und würde sich in ihrer Leistungsfähigkeit völlig unterschätzen.

In diesem Beispiel wird deutlich, welche Verletzungen entstehen können, wenn ein Paar die alten Rollenbilder noch nicht verabschiedet hat und daher die neue Rollenidentität noch nicht ausreichend würdigen und annehmen kann. Werden Lebensübergänge dagegen bewusst gestaltet, kann dies Paare unterstützen, Kraft für ihr Leben zurückzugewinnen.

In jedem Übergang durchlaufen wir die gleichen Phasen von Verabschieden des Alten, Nichtwissen und Aufbruch in das Neue.[13] Wir sind konfrontiert mit einem umfassenden Transformationsprozess von Sterben und Werden. Wie das Beispiel von Isabelle und Johannes zeigt, ist die Seele in diesen zyklischen Prozessen oft wesentlich langsamer als die äußeren Geschehnisse und unser äußeres Handeln.

Alte Paarphasen verabschieden

Wie können Übergänge besser bewältigt werden? Zunächst geht es darum, die alte Phase als Paar bewusst abzuschließen. Wenn wir alte Zyklen nicht abrunden, kann sich Energie stauen, die dann von der Paarbeziehung abgezogen wird. Ein klassisches Beispiel dafür ist, wenn sich Partner noch nicht aus einer vorangegangenen Partnerschaft verabschiedet haben. Sind sie, z. B. über Streitigkeiten was die gemeinsamen Kinder anbelangt, noch mit der alten Partnerin verbunden, fließt Energie ab. Werden die alten Zyklen dagegen versöhnlich in Klarheit und Würde abgeschlossen, kann die Energie zur neuen Partnerin freier fließen. Die neue Beziehung kann gesünder aufgebaut werden. Was wir hinter uns lassen, erneuert uns im Hier und Jetzt.

Schon immer haben Menschen an den Übergängen im Leben Rituale genutzt, um sich von einer alten Lebensphase zu verabschieden, sich auf die Essenz der Bindung zu fokussieren und sich neu auszurichten. Ein heute noch bekanntes Ritual besteht darin, am Polterabend altes Porzellan zu zerschlagen und damit auf der symbolischen Ebene die alte Lebensphase zu verabschieden. Ein einfaches und sehr symbolhaftes Ritual ist das Durchschneiden eines Bandes, das die Eltern eines Paares nach der Hochzeit dem jungen Paar in den Weg halten. Symbolisch werden damit die alten Familienbande durchtrennt, damit die beiden jungen Menschen ihren eigenen Weg gehen können.

Manchmal bleiben Übergänge uneindeutig oder werden als solche nicht bewusst wahrgenommen. Es sind leise, stille Übergänge, von außen kaum sichtbar, wie das Älterwerden. Auch kann es vorkommen, dass derselbe Übergang unterschiedlich erlebt wird. Während die eine Lebenssituation für den einen Menschen einschneidend sein kann, bedeutet sie für einen anderen vielleicht nur eine kleine Veränderung, die schnell vollzogen ist. Scheinbar befindet sich dann nur ein Beziehungspartner im Übergang, tatsächlich sind aber beide betroffen. An diesen Wendepunkten des Lebens sind Verletzungen vorprogrammiert, wie das folgende Beispiel zeigt:

Aufgrund eines unlösbaren Nachbarschaftskonflikts entschließen sich Sybille und Mario, nachdem sie fünfzehn Jahre lang in einer sehr schönen Eigentumswohnung gelebt haben, diese zu verkaufen und mit ihren drei Kindern von der Stadt aufs Land zu ziehen. Während der bevorstehende Umzug Sybille in abgrundtiefe Verzweiflung stürzt, bereitet Mario sich bereits mit ganzer Energie auf das neue Heim vor. Das Alte ist für ihn schon längst nicht mehr zumutbar – seine Seele ist schon ganz auf das Neue ausgerichtet. Sybille fühlt sich unverstanden in ihrer großen Not, sich von der geliebten Wohnung nicht trennen zu können, und fühlt sich unversöhnt mit ihrem Schicksal.

Jeder Mensch hat sein eigenes Tempo, durch diese Abschieds- oder gar Sterbeprozesse zu gehen. Denn wir durchlaufen bei Übergängen auch klassische Sterbephasen von Schock, Verneinung der Veränderung, Verzweiflung, Wut und Trauer, Resignation, Neuverhandlung und Neuausrichtung. In der Phase des Abschiednehmens von einer alten Lebensphase löst sich ein Teil der alten Identität auf, alte Rollenbilder tragen nicht mehr. Das Ich und das Beziehungsselbst müssen sich neu finden und sich an neue Aufgaben, Erwartungen und Lebensumstände anpassen. Es sind Aufgaben, die das Paar vielleicht auch noch nicht kennt und für die es Kompetenz erst noch erwerben muss. Es ist eine Zeit der Verunsicherung, des Zweifels. In dieser Zeit brauchen sich die Partner ganz besonders. Wenn der Übergang sie beide gleichermaßen betrifft, kann es manchmal sein, dass sie einander wenig geben können, da sie beide bedürftig oder destabilisiert sind. Andererseits kann ein gelungener Übergang das Paar auch fester zusammenschweißen.

An solchen Nahtstellen kann sich ein Paar aber auch auseinanderentwickeln. Ein Beispiel:

In einer Burnoutkrise nimmt Jan eine Therapie in Anspruch, entwickelt sich innerlich weiter und eröffnet sich neue spirituelle Wege im Leben. Lara entwertet seine neuen Sichtweisen als esoterisch und fühlt sich durch seine neu gewonnene Unabhängigkeit bedroht. Jan wiederum fühlt sich unverstanden und reagiert gekränkt.

Die Unsicherheit aushalten, den Neubeginn wagen

In diesen Phasen stellen sich Paare die Frage, ob sie sich noch gegenseitig in ihrer Entwicklung unterstützen oder sich jeweils in eine Richtung entwickeln, die der andere nicht mehr verstehen und bei der er nicht mehr mitgehen kann.

Die Phase des Übergangs ist eine brüchige Zeit: Einerseits trägt uns das Alte nicht mehr, aber wie es anders gehen kann, ist noch nicht klar. Es ist eine Zeit des Nicht-Mehr und des Noch-Nicht. Für viele Menschen ist diese Schwellenzeit mit Unsicherheit verbunden. Weil wir dieses Nichtwissen nur schwer aushalten, stolpern wir oft zu schnell in das Neue hinein, ohne den inneren Suchbewegungen und Abschiedsprozessen Raum zu geben. Wir können aber auch in einer alten Paaridentität stecken bleiben und weiter am brüchigen Zustand festhalten, weil er uns Sicherheit gibt.

Um dem Neuem Raum zur Entfaltung zu geben, ist es für Paare wichtig, Vergangenes zu würdigen sowie Selbstverständlichkeiten loszulassen. Im besten Fall wird das Neue als spannend und herausfordernd erlebt. Meist werden dabei neue Bewältigungsstrategien gelernt. Damit die Herausforderung des Neuen nicht zu einer neuen Überforderung wird, hilft es, die Krise als Entwicklungschance zu sehen:[14] Wozu fordert die Krise heraus? Äußert sie sich, weil ein Teil des eigenen Lebens ungelebt geblieben ist? Krisen stoßen an, in neue Lebensräume aufzubrechen. Wenn wir eine solche Perspektive einnehmen, können wir verborgene Potentiale freilegen, die uns in eine tiefere Dimension der Liebe führen. Echte Weiterentwicklung bedeutet, dass der frühere Zustand, so erstrebenswert er auch gewesen sein mag, nicht wiederherstellbar ist.

In Krisen können folgende Fragen wegweisend sein: Was ist das Neue, das in uns vorbereitet wird? Gibt es gemeinsame Aufgaben oder einen gemeinsamen Ruf für uns als Paar? Wie können wir uns gemeinsam bzw. jeder für sich neu ausrichten?

In diesem Aufbruch zum Neuen brauchen wir eine liebevolle Zuwendung zum Unvollkommensein und Vertrauen in die eigene Entwicklungsfähigkeit. Der Prozess, ins Neue hineinzuwachsen, fällt leichter, wenn wir spielerisch mit dem umgehen, was an Lernaufgaben auf uns wartet, und wir nachsichtig mit uns selbst sind, wenn nicht alles reibungslos läuft.

Vor diesem Hintergrundwissen ist es nur allzu verständlich, dass in Übergängen fast zwangsläufig Verletzungen passieren. Sie sind der gemeinsamen Entwicklung geschuldet.

Beziehungs- und Entwicklungsphasen in Paarbeziehungen

Alle Paare durchschreiten ähnliche Schwellen und durchlaufen ähnliche Rhythmen. Diese Paarphasen spiegeln die großen natürlichen Zyklen des Lebens wider. Denn alles Leben unterliegt den gleichen Zyklen von Entstehen, Keimen, Sprießen, Wachsen, Blühen, Reifen, Sich-Vermehren, Sich-Zurückziehen, Verwelken, Sterben. Diese Zyklen erleben wir sowohl in der Paarbeziehung als Ganzes, also von ihrem Beginn bis zu ihrem Ende, als auch in einzelnen Lebensphasen und Übergangssituationen, denen sich das Paar gegenübersieht.

Dieses Wissen um die Zyklen des natürlichen Lebens hat in allen traditionellen Kulturen eine große Bedeutung. Es ist z. B. verankert in den sogenannten Medizinrädern. Diese Räder orientieren sich an den Qualitäten der vier Himmelsrichtungen und der vier Jahreszeiten als Sinnbild für die natürlichen Kreisläufe des Lebens.[15] Der Paartherapeut Hans Jellouschek vergleicht die klassischen Paarphasen mit den vier Jahreszeiten.[16] Indem sich das junge Paar nach der Phase des Verliebtseins, des Frühlings, entscheidet, mehr und mehr gemeinsam durchs Leben zu gehen, reifen sie in die Familienphase, den Sommer der Partnerschaft. Sie bleiben ein Paar und meistern viele Herausforderungen. Das Paar in der zweiten Lebenshälfte, im Herbst, ist nach der Familienphase und dem Auszug der Kinder mit der Aufgabe beschäftigt, erneut ein Paar zu werden. Das Paar wird gemeinsam alt und begleitet sich bei den letzten Übergängen – dem Winter.

Heute sind die Modelle gelebter Partnerschaft sehr vielfältig, komplex und heterogen. Auch wenn die klassischen Beziehungsphasen – Heirat, Kinderbekommen, gemeinsam alt werden – oft noch als Ideale in unseren Sehnsüchten herumspuken, werden sie immer wieder zurechtgebogen und überholt von den gelebten Beziehungsrealitäten. Manche Paare entscheiden sich, nie zu heiraten, nicht zusammenzuleben, es gibt Zweitehen, homosexuelle Ehen, kulturell und religiös gemischte Familien, offene Beziehungen. Wir haben viele neue Worte für diese bunte Vielfalt an Beziehungsmodellen und sozialen Rollen: Patchworkfamilien, Lebensabschnittsgefährtin, Zieh-, Stief- oder Bonusvater[17], um nur einige zu nennen. Die Anfangsphasen von Beziehungen sind heute oft von dem Wissen um Brüchigkeit, eigenen alten Verletzungserfahrungen und von Unabhängigkeitsstreben überlagert. Wir begeben uns viel vorsichtiger und mit mehr Misstrauen in Beziehungen hinein.

Betrachten wir nun die Dynamiken von Beziehungen vor dem Hintergrund des Medizinrads mit seinen vier Himmelsrichtungen. Je nach Lebensphase und Übergangsphase finden wir bei Paaren sehr unterschiedliche Qualitäten wieder. Die vier Himmelsrichtungen entsprechen dabei sowohl den unterschiedlichen Paarphasen als auch den Qualitäten, die gerade in der Beziehung zum Ausdruck kommen.

Die Qualität des *Ostens* bzw. *Frühlings* ist mit Neubeginn verbunden. Das Paar ist verliebt, befindet sich wie im blühenden Frühling im Staunen über das Wunder ihrer Beziehung. Der Zauber des Anfangs inspiriert beide. Es ist der Anfang aller Möglichkeiten, ein Aufbruch und eine Öffnung. Die Qualität des Ostens äußert sich bei Paaren auch nach der Überwindung von Krisensituationen auf vielfältige Weise: als Ahnung oder Gespür für den gemeinsamen spirituellen Auftrag, als Kreativität, als visionäres Spinnen neuer Projekte und Lebensformen, als Verschmelzung, als tiefes Verbundensein im schöpferischen Sein, in dem Gefühl, auf einer ganz tiefen, vielleicht göttlichen Ebene, zusammenzugehören, in der Dankbarkeit.

In der Qualität des *Südens* bzw. *Sommers* dehnt sich das Leben aus, entfaltet sich in all seinen Potentialen. Die Blüten des Frühlings verwandeln sich nach und nach in reife Früchte. Es ist alles da, das Leben ist einfach, es ist warm und behaglich. Paare erleben die Qualität des Sommers in einem gemeinsamen Fließen, im Vertrauen ineinander, in gewisser Weise auch in einer Unschuld. Gemeinsam wirkt das Paar mit seinen Interessen und Lebensentwürfen in das Leben hinein, beginnt, die Beziehungsnetze zu verflechten. Bedürfnisse können wir in der Qualität des Sommers leicht erfüllen. So wie die Sonne am höchsten Punkt steht, befindet sich auch das Paar in einer Hoch-Zeit.

Wenn das Paar in der Phase des Sommers bzw. Südens eng zusammengerückt ist, kann es sein, dass das alte Familiensystem die neue Partnerin nicht akzeptiert und nicht in ihren »Clan« aufnimmt. Man heiratet immer auch in gewachsene Familienstrukturen hinein. Das kann vom alten Familiensystem wie ein »Hineinfunken« und als Störung der Familienbeziehung erlebt werden. Gerade in Patchworkfamilien kann es zu Zerwürfnissen mit dem alten Familiensystem aus der ersten Ehe, zu heftigen Auseinandersetzungen und Stürmen kommen.

Anstehende Entscheidungen und Krisen können Paare in die Qualität des *Westens* bzw. *Herbstes* werfen. Die ersten Herbststürme beginnen, wir ziehen uns immer wieder mal zurück. Zugleich sind die Früchte aber reif und wollen geerntet werden. In der Beziehung sind das die Phasen, wo das Paar sich an seiner Unterschiedlichkeit aufreibt. Der Rückzug kann sich sexuell äußern, es kann eine Außenbeziehung geben, oder ein Paar entzweit sich an der Frage, ob sie jetzt ein Kind wollen oder nicht. Die Herbststürme äußern sich in Streits und Meinungsverschiedenheiten. Unversöhnte Verletzungen stauen sich in der Seele an.

Im Westen geht die Sonne unter. Innerseelisch gesehen steht der Westen für eine Zeit, in der die Schatten länger werden. So begegnen wir in dieser Phase unseren eigenen Schatten und sehen auch mehr die schlechten Angewohnheiten der Partnerin, fokussieren auf das, was nicht passt und nervt. Haben wir uns zu sehr angepasst, stellen wir uns erneut Fragen, die um unsere Identität als Einzelwesen und als Paar kreisen: Wer bin ich in dieser Beziehung? Wer sind wir als Paar? Gehören wir noch zusammen? Wie kommen wir über die Verletzungen hinweg? Der Rückzug kann bis zur Depression – verstanden als Zeit, durch tiefe Zweifel und Infragestellungen hindurchzugehen – führen. Will das Paar zusammenbleiben, muss es die kritischen Punkte klären, um nicht in Frustration und Vorwürfen stecken zu bleiben. Durch tiefe Innenschau kann aber auch Mitgefühl entspringen.

Manchmal gelingt dieser Übergang nicht – das Paar überlegt, sich zu trennen, bzw. geht auseinander. Kann sich das Paar z. B. nicht in der Frage nach einem gemeinsamen Kind oder auf einen gemeinsamen Wohnort einigen, kann das auch noch Jahre später zu trennenden Energien in der Paarbeziehung führen.

Gelingt es dem Paar, das Tor des Auseinanderdriftens zu durchschreiten, kann es sich neu ausrichten auf die Frage: Was können wir als Paar dennoch gut ins Leben bringen? Was sind unsere Gaben? Aus diesem Prozess des Sich-Zusammenraufens entstehen oft leibliche oder geistige Kinder. Das Paar wird »erwachsen«, übernimmt Verantwortung, verlässt die kindlichen Haltungen, die den Partner verantwortlich machen für das eigene Glück oder Unglück. Das ist die Qualität des *Winters* bzw. *Nordens*. Der Winter symbolisiert die Zeit kristallklarer Strukturen und die Zeit, wo die Gemeinschaft bedeutsamer wird. Diese Zeit der klaren Ausrichtung auf die eigene Kraft, die nicht nur der Beziehung dient, wird auch in die Gemeinschaft getragen.

Werden die Projekte Realität oder kommen die Kinder ins Leben, beginnt der Kreislauf von Neuem. Es kann sein, dass sich die Partner schneller oder anders durch den neuen Zyklus hindurchbewegen. Mit dem Beginn von etwas Neuem stirbt auch etwas Altes. Wenn ein Paar das erste Kind bekommt, ist es zeitlich und familiär ganz anders eingebunden. Es muss ganz neue Prioritäten setzen und kann nicht wie bisher selbstbestimmt mit der eigenen Zeit umgehen. Das kann Paare vor große Herausforderungen stellen. Während einige sich zurückziehen oder überfordert sind, werden andere ganz in der Verantwortung aufgehen.

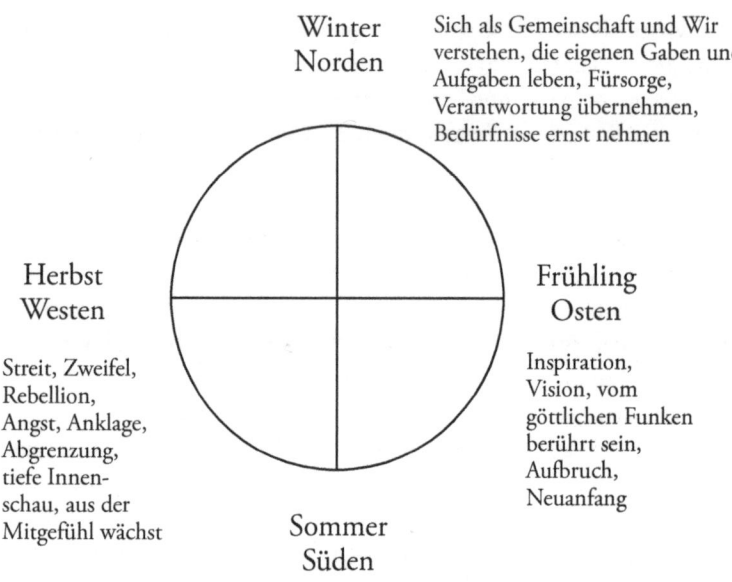

Winter
Norden

Sich als Gemeinschaft und Wir
verstehen, die eigenen Gaben und
Aufgaben leben, Fürsorge,
Verantwortung übernehmen,
Bedürfnisse ernst nehmen

Herbst
Westen

Streit, Zweifel,
Rebellion,
Angst, Anklage,
Abgrenzung,
tiefe Innen-
schau, aus der
Mitgefühl wächst

Frühling
Osten

Inspiration,
Vision, vom
göttlichen Funken
berührt sein,
Aufbruch,
Neuanfang

Sommer
Süden

Leichtigkeit, kindliche Erwartungen
aneinander, Freude, Vertrauen

Abbildung 1: Energiequalitäten eines Paares im Spiegel der
Himmelsrichtungen

Für unsere Ganzheit ist es wichtig, allen vier Aspekten unseres
Seins auch in unserer Partnerschaft Raum zu geben und darin aus-
gewogen zu sein. So braucht es Räume, in denen wir uns spirituell
verbinden können, kindliche Freude gemeinsam erleben, einander
vertrauen und leicht miteinander umgehen, im Fluss sind. Für unsere Entwicklung sind aber auch die Reibungen, tiefen Erkenntnisse,
reinigenden Gewitter wichtig, um aus der Innenschau heraus in die
eigene Verantwortung hineinzureifen und sich neu zu versöhnen.
Und es braucht klare Aufgaben, in denen das Paar gemeinsam etwas
in die Welt bringt und als Team Hand in Hand geht.

Bei Schwierigkeiten in der Beziehung ist es häufig so, dass die
Partner jeweils in Phasen sind, die im Rad gegenüberliegen. Die
Qualitäten polarisieren sich, was zu Stress führt. Ist in einer Partnerschaft eine Qualität zu dominant, dann erhalten wir Schlagseite wie
auf einem Schiff, das einseitig beladen ist. Wenn unser Süden zu
einseitig ist, sind wir zu bedürftig. Ein einseitiger Westen kann zu

40

Dramatisierung und zur Flucht in psychische Krisen führen. Ein dominanter Norden lässt uns zu viel Verantwortung bis zur Erschöpfung für andere übernehmen. Und zu viel Ostqualität führt dazu, dass wir in die spirituellen Welten oder in Träume flüchten und den Boden unter den Füßen verlieren.

Verletzende Muster in Beziehungen

Die verletzenden Muster zwischen Mann und Frau haben sowohl individuell-lebensgeschichtliche als auch kollektive Wurzeln. Schauen wir zunächst auf die individuellen Muster. In langjährigen Paarbeziehungen wiederholen wir meist alte, gelernte Erlebens- und Verhaltensmuster, mit denen wir in Resonanz gehen, d. h. die wir in unserem Denken, Fühlen und Handeln aktualisieren. Diese seelischen Muster werden hier Beziehungsmuster genannt. Sie sind in früheren Beziehungsepisoden entstanden, wurden verinnerlicht und werden von uns oft in aktuelle und zukünftige Beziehungssituationen mit hineingetragen. In der Paarbeziehung werden diese Muster u. a. in Erwartungen, Streitsituationen und auch in unseren Schattenseiten sichtbar und können zu Verletzungen führen. Unser Partner geht ebenfalls in Resonanz mit seinen eigenen seelischen Mustern. Wir gehen also oft mit anderen oder mit uns selbst so um, wie uns andere Personen früher behandelt haben. Ein Beispiel:

Christina hat zunehmend das Gefühl, in eine Art Burnout zu rutschen. Sie spricht sogar davon, dass sie nicht weiß, ob sie ihre Situation überleben wird. Sie fühlt sich von den Arbeiten, die der Familien- und Berufsalltag mit sich bringt, ausgelaugt und erschöpft. Ihr Mann Thomas ist oft beruflich unterwegs, während sie neben ihrem Beruf auch für die drei gemeinsamen Kinder sorgt. Sie fühlt sich verlassen, im Stich gelassen. Gleichzeitig kann sie sich aus Scham kaum eingestehen, dass sie am Ende ihrer Kräfte ist.

Auf die Frage, welche alten Beziehungssätze sich aus ihrer Kindheit bei ihr eingeprägt hatten, fällt ihr sehr schnell ein: »Reiß dich zusammen«, »Man muss arbeiten, bis man umfällt«, »Was einen nicht umbringt, macht einen stark«, »Du hast kein Recht auf Deine Bedürfnisse«. Ihre Lerngeschichte, die eigenen Bedürfnisse zu überhören und sich im Dienst für andere förmlich aufzuopfern, sitzt so tief, dass sie ihre Not zwar ausdrückt, aber nicht entsprechend handelt, sondern weiter wie in einem Hamsterrad läuft. Ihr Partner fühlt sich hilflos: Egal, wie oft er ihr Unterstützung anbietet, sie erwidert immer nur, dass sie das schon schaffe, und lehnt seine Hilfe ab. Insgeheim jedoch erwartet sie, dass er sie rettet, von sich aus handelt – ohne genau zu wissen wie und ohne, dass sie ihn dazu auffordern müsste. Er zieht sich aufgrund ihrer Äußerungen und seiner Hilflosigkeit immer mehr zurück, pflegt seine Hobbys und widmet sich seiner beruflichen Entfaltung. Sie reagiert verletzt, spürt mehr und mehr ihren Selbstverlust und fühlt sich von der Partnerschaft entfremdet.

Die Krise fordert Christina auf, ihre Rettung selbst in die Hand zu nehmen und sich von den Fantasien, ihr Partner würde sie retten, zu lösen. Das, was ihr Leben lang unterdrückt war, nämlich selbst für ihre Bedürfnisse einzustehen, muss sie neu lernen. Sie wacht erst auf, als ihre Tochter weinend vor ihr sitzt in der tiefen Angst, dass ihre Mama nicht mehr lange leben könnte. Ihr wird klar, dass sie dringend eine Änderung ihres automatisierten Aufopferungsmusters benötigt.

Auf vielen Ebenen gehen hier beide Partner mit ihren alten, verinnerlichten Beziehungsmustern in Resonanz. In der gemeinsamen Reflexion der aktuellen Situation entdeckt Thomas ähnliche Gefühle in seiner Vergangenheit, etwa wie er als Kind seiner depressiven Mutter gegenüber hilflos war. Egal, was er tat, nichts schien bei ihr anzukommen. Er hatte die Erfahrung tief verinnerlicht, nicht retten zu können. Seine Ohnmacht und sein Rückzugsverhalten spiegelten die tiefe Einsamkeit aus seiner Kindheit, die er in der aktuellen Beziehung mit seiner Frau wiederholte.

Christina fühlt sich in der Beziehung tief verlassen. Thomas spiegelt ihr in seinem Verhalten wider, dass sie sich letztendlich selbst verlassen hat. Sie verhält sich gegenüber sich selbst ähnlich, wie sie sich von ihrer Mutter behandelt gefühlt hatte. Ihre Tochter spiegelt ihr eigenes verlassenes inneres Kind wider.

Ursprünglich bilden sich diese seelischen Beziehungsmuster, die auch Komplexe genannt werden, um Schutz in Zeiten großer innerer Not zu finden. Sie entstanden in schwierigen Beziehungssituationen der Vergangenheit, in denen unsere Bewältigungsstrategien nicht ausreichten, um mit Verletzungen, belastenden Situationen und Enttäuschungen umzugehen.[18] Sie werden in der Seele abgespeichert und überlagern oft unser Alltagserleben und unsere Beziehungen.

Das liegt daran, dass in den Komplexen die Beziehungsgeschichten der Kindheit eingefroren sind. Gleichermaßen sind in ihnen die dazugehörigen Gefühle und stereotypen Mechanismen enthalten. Statt Beziehung zu leben, wird polarisiert. Interaktionen sind dann entsprechend emotional angeheizt. Die Komplexe können sich in hinderliche und auch selbstdestruktive Muster wandeln, wenn sie unbewusst bleiben. Wie stark unbewusste Inhalte das Handeln des Ich bestimmen können, verdeutlicht C. G. Jung mit einem Bild aus der Alchemie. Dort wird beschrieben, wie ein Fisch, der sich am Boden eines Schiffes anheftet, dieses festhält: „Die Anziehung geht [...] vom Fische aus und bringt das vom Menschen gesteuerte oder geruderte Fahrzeug zum Stillstand.“[19] Während wir davon ausgehen, selbstbestimmt zu handeln und mit unserem Bewusstsein das Steuer in der Hand zu haben, sind wir in Wahrheit der Kraft des Unbewussten ausgesetzt, das unsere Reaktionen bestimmt.

Beziehungssituationen, die uns herausfordern, aktualisieren diese schlummernden Muster. Es scheint, als ob wir sie in die Beziehung hineintragen und sie sich dort zu emotional geladenen Beziehungsrealitäten auffächern. Plötzlich verhält sich die Partnerin uns gegenüber so wie eine frühere Bezugsperson. Doch eigentlich passen die Muster nicht mehr zu der erwachsenen reifen Person, die wir auch sind: Christina formuliert ihre Bedürfnisse nicht, obwohl sie das als erwachsene und beruflich kompetente Frau gut könnte.

Unsere Partner scheinen sich also in die Resonanz dieser Muster hineinzuschwingen. Im besten Fall können dabei in uns Entwicklungsimpulse aktiviert werden. Da unsere Seele damals keinen heilsamen Umgang mit diesen Verletzungen fand, etwa weil wir zu jung oder ausgeliefert waren, wurden die Verletzungen abgespalten oder eingekapselt. Die Muster bleiben verinnerlicht und können zu Selbstentwertung oder auch zu sich selbst erfüllenden Prophezeiungen führen. Sie wenden sich gegen uns selbst, bis zur inneren Leere und Selbstunterdrückung, oder gegen unseren Partner. Um die Unsicherheit und Hilflosigkeit nicht mehr zu spüren, entwickeln wir Schutzmechanismen. So erlangen wir eine scheinbare Sicherheit. Doch das Dichtmachen aus Schutz, die eingefrorenen Emotionen, schaffen eine schmerzhafte Distanz zwischen uns und anderen. Zugleich sehnt sich ein tiefer Teil in uns danach, das Verlorene wiederzufinden und zu integrieren.

Dass sich ein altes Muster rekonstelliert, d. h. aktualisiert, erkennen wir in der aktuellen Paarbeziehung daran, dass uns etwas »triggert«, wir plötzlich emotional heftig reagieren. In den aktuellen Verletzungen in der Paarbeziehung schwingt oft die ganze Energie der früheren Verletzungen mit. Es ist, als würden wir dort, wie ein Baum, eine Kerbe haben. Eine Verletzung schmerzt in der aktuellen Beziehung ganz besonders intensiv, wenn sie alten Wunden ähnelt und damit »in dieselbe Kerbe haut«, selbst wenn uns diese gar nicht bewusst ist. An diesen Stellen sind wir besonders empfindlich. Ohne eine frühere Beziehungswunde würden wir die aktuelle Verletzung vielleicht einfach kurz liebevoll ansprechen, aussprechen, was für uns nicht in Ordnung war, und dann einfach wieder offen für den Partner sein. Mit der Wunde stereotypisieren wir, nehmen den Partner verzerrt wahr und erleben ein Konglomerat des aktuellen und des alten Schmerzes, ohne zwischen beiden unterscheiden zu können.

Vorwürfe, Anklagen, Schuldzuweisungen, die als Folge einer Verletzung auftauchen, können in einen Teufelskreis münden, in dem aus Verletzung heraus neu verletzt wird. Die verinnerlichten Beziehungsmuster spalten sich dabei unbewusst meist in einen Kind- und einen Erwachsenenpol auf, die sich zwischen Mann und Frau abbilden. Diese Polarisierungen sind eng verwoben mit den Themen Dominanz–Unterwerfung, Durchsetzung–Anpassung, Versorgen–Versorgtwerden, Nähe–Distanz, Macht–Ohnmacht.

Hinter jeder Polarisierung wirkt der Drang nach Selbstwerdung, uns immer mehr durch unsere Wunden und jenseits unserer Prägungen in unser eigenes Potential hinein zu entfalten. Wachsen bedeutet hier zu erkennen, dass die Pole nicht statisch sind, und die Starrheit der Pole aufzulösen. Wir können lernen, wo wir mehr oder weniger sichtbar auch den Pol leben, den wir nur dem Partner zuschreiben. Denn wir tragen beide Pole in uns. Wenn wir uns beispielsweise als Opfer fühlen, negieren wir oft unsere verletzenden Seiten.

Vereinfacht gesprochen verletzen wir oft aus unseren alten seelischen Mustern heraus und sind aufgrund dieser Muster verletzbar *und* verletzend. Die Muster an sich wirken nicht trennend. Es ist vielmehr das unbewusste Reagieren aus den Mustern heraus, das verletzend wirkt und dadurch Distanz schafft. Durch Bewusstwerdung können wir die aktuelle Situation von der ursprünglichen Situation unterscheiden, Projektionen erkennen und sie zurücknehmen. Das hat eine tief befreiende Wirkung auf die Paarverstrickungen.

Wir können in unseren Liebesbeziehungen alte verletzte Muster heilsam wandeln. Damit ergeben sich neue fruchtbare Möglichkeiten für Veränderung. Wir müssen bei Konflikten nicht warten, bis die Partnerin sich endlich geändert hat, sondern können stattdessen unsere Entwicklung und Versöhnung selbst in die Hand nehmen. Ausdrücklich sei erwähnt, dass mit dieser Sichtweise auf keinen Fall übergriffige Verhaltensweisen des Partners entschuldigt oder Gewalt in Beziehungen ignoriert oder verharmlost werden soll.

Kollektive und spirituelle Dimensionen von Verletzungen zwischen Frau und Mann

Es sind jedoch nicht nur die persönlichen Muster aus den eigenen Lebensgeschichten, die unsere Liebesbeziehung überlagern und somit auch bestimmen können. Manchmal schlummert auch das alte »Erbe« vergangener Generationen, wie unversöhnte und unerlöste Familiengeschichten, Tabuisierungen und Traumatisierungen, in unserer Seele und sind im »Familienfeld« gespeichert. Die Versöhnungsarbeit, die wir hier leisten, wirkt nicht nur heilsam auf das eigene Leben. Sie kann auch dazu führen, dass wir der nachfolgenden Generation nicht einen Rucksack voller Probleme weitergeben und aufbürden. Es ist die Hoffnung, dass nachfolgende Generationen die Muster, über die wir hinauswachsen, nicht selbst erleben und weitertragen müssen. Dies könnte auch unsere Kinder befreien.

Hinter den persönlichen und generationenübergreifenden Beziehungsmustern stehen auch die in unserer abendländischen Kultur über Jahrtausende gelebten Beziehungsstrukturen. Diese Prägungen bestimmen wesentlich mit, welche Themen wir in unserer Persönlichkeit, unseren Mustern und unseren Beziehungen wiederfinden. Unser persönliches Verhalten in der Paarbeziehung ist daher nicht nur aus der individuellen Lebensgeschichte gespeist, sondern spiegelt auch größere geschichtliche Dynamiken von Mann-Frau-Beziehungen wider. Unsere Existenz kann nicht losgelöst von den kollektiv gespeicherten Geschichten betrachtet werden.

Aus dem Feld des kollektiven Unbewussten entspringen einerseits überlieferte, archetypische Bilder von Paarbeziehungen, wie wir sie aus Märchen und Mythen kennen. Sie können uns für eine tiefere Liebesfähigkeit öffnen und uns an die göttlichen Schichten unseres Paarseins erinnern.[20] Andererseits existieren in unserer Kultur auch kollektive Dimensionen von Verletzungen zwischen Mann und Frau. Es sind alte, tradierte Rollenmuster, die durch Jahrtausende während Herrschafts- und Dominanzstrukturen mitgeprägt sind. Persönliche Verletzungen in Beziehungen, Beziehungsunglück bis hin zu Beziehungskrieg sind mit diesen kollektiven Wunden enger verbunden, als uns meist bewusst ist. Die Wurzeln von Beziehungsproblemen weisen oft weit in die Geschichte zurück und haben mit persönlichem Versagen nichts zu tun. In unseren Beziehungen prallen alte Rollenbilder von Mann und Frau unmittelbar aufeinander. In der Aushandlung neuer Rollenmuster liegt darum immer auch ein Stück Versöhnungsarbeit mit unserem kulturellen Erbe.

Dolores Richter[21] beschreibt in ihren Schriften, dass in unserer Kultur Liebe als private Angelegenheit gilt und wir Liebesbeziehungen daher hauptsächlich auf den Ebenen des persönlichen Glücks oder Unglücks begreifen. Zu versuchen, dieses kulturelle Beziehungserbe auf einer persönlichen Mann-Frau-Beziehung zu heilen, ist für Paare aber eine zu große Aufgabe. Eine tiefe kollektive Wunde besteht für Richter in den Folgen des Jahrtausende lang währenden Patriarchats, in dem die Vorherrschaft des Männlichen gelebt wurde und Frauen verachtet, misshandelt und verbrannt wurden. Die hier entstandene Angst ist bei Frauen oft bis heute spürbar, wenn sie sich auf den Weg der Selbstentfaltung machen. Zugleich verhindert diese Wunde, dass wir in Beziehungen frei von Schuldzuweisungen über Männer und Frauen denken und sprechen können.

Eine zweite, mit der patriarchalen Kultur einhergehende Wunde sieht Richter in der Verbannung des Eros aus dem sakralen und dem öffentlichen Raum, wodurch Sinnlichkeit und Eros ins private Schlafzimmer verlagert wurden – außer in der Werbung. Viele Paare erleben, dass sie sich mit Schwierigkeiten in der Sexualität, die aufgrund dieser Verbannung kollektiv scham- und schuldbesetzt ist, alleine, hilflos und sprachlos fühlen.[22]

Für die dritte große kollektive Wunde unserer Zeit, das grundlegende Gefühl des Abgetrenntseins, beschreibt Richter das Bild von zwei isolierten Tropfen, die sich einsam fühlen, weil sie vergessen haben, dass sie ein Teil des Meeres sind. Ihre Sehnsucht ist eigentlich die Wiederverbindung mit dem Meer. Begegnen sich die zwei isolierten Tropfen, halten sie sich für das Meer, symbolisch das große Ganze. Beide geben sich dem Gefühl hin, der andere sei die Erlösung, sie hätten endlich gefunden, was sie so lange suchten. Das entspricht dem romantischen Ideal in der abendländischen Kultur. Der andere hat aber selbst seine eigentliche Herkunft vergessen.[23]

Diese Entwurzelung des Menschen ist ein kollektives Thema in der modernen Gesellschaft. Zahlreiche kulturgeschichtliche Bewegungen im Patriarchat, wie die Idealisierung der Vernunft, die Aufklärung, das Sich-Untertanmachen der Erde und die Industrialisierung, führten zu einer tiefen Spaltung zwischen Mensch und Erde. Unsere tiefe Zugehörigkeit zur Natur, zum großen Ganzen, zum lebendigen Leben[24] ist durch den entmythologisierenden, aufgeklärten, rationalen Zeitgeist verloren gegangen. Mit der Vorherrschaft des Männlichen wurden das Weibliche und Mutter Erde unterdrückt. Die Narben aus der Zeit der Inquisition, der Kriege sind nach wie vor im kollektiven Gedächtnis gespeichert und verstärken bis heute das Gefühl des Getrenntseins.

Bei Beziehungsschwierigkeiten projizieren wir diesen Grundschmerz der verlorenen Verbundenheit auf die Partnerin, die ihrerseits selbst im Mangel ist. Ein wesentlicher Beitrag zur Heilung von verletzten Liebesbeziehungen besteht darin, den anderen »Tropfen« nicht mehr mit dem Meer zu verwechseln, sondern zu erkennen, was durch ihn hindurchscheint. Dies ist ein wesentlicher Schritt, aus der größeren Verbundenheit zur Erde und zur Menschengemeinschaft heraus lieben zu lernen, ohne davon abhängig zu sein, einander erlösen zu müssen. Dies bringt Entspannung in Beziehungen. Es ist die Einsicht, dass der eine Tropfen Mann bzw. Frau das, was das ganze Meer bedeutet, nicht ausfüllen kann. Dann können wir den anderen so sehen und in dem lieben, was er oder sie ist, und gelassen bleiben gegenüber dem, was er oder sie nicht ist. Das entbindet den anderen davon, zum Spiegel der eigenen erfüllten oder unerfüllten Bedürfnisse zu werden. Ein Mensch, der in der größeren Verbundenheit nicht zu Hause ist, kann auch die Bedürfnisse des Partners nach Sinn, Zugehörigkeit und Gehaltensein nicht erfüllen.

Daher plädiert Richter dafür, dass wir das Wachsen unserer Liebesfähigkeit und unsere Paarbeziehung bewusst in den spirituellen Weg integrieren. Über die Anbindung an die spirituelle Quelle wird das Gefühl, allein und getrennt zu sein, abgemildert. Das hilft uns in Zeiten von Unsicherheit und Übergang. »Wenn wir von einer rein persönlichen Dynamik zwischen einem Mann und einer Frau hinauswachsen in eine Kulturarbeit der Liebe, werden wir großzügiger miteinander. Wir können aufhören, die Schuld beieinander zu suchen oder Erfüllung voneinander zu erwarten.«[25]

In ihrem Geschlechterpolaritätsmodell verdeutlicht Alexandra

Schwarz-Schilling[26], wie sich die Dynamik von polaren Energieflüssen von Mann und Frau vor dem Hintergrund patriarchaler Überformung heute als Verletzungen in Paaren äußert. Ein Kerngedanke von ihr ist, dass wir über das Verständnis der spezifischen kollektiven Verletzungen von Mann und Frau kreative Wege zu einer heilsameren Liebeskultur finden.

In patriarchalen Strukturen wurden laut Schwarz-Schilling das Herz des Mannes und der Schoß der Frau vielfach verletzt und verschlossen. Diese enormen kollektiven Wunden sind nach wie vor im männlichen Herzen und im weiblichen Schoß als Schmerz gespeichert. Über Jahrhunderte haben Männer gelernt, ihren Herzraum zu verschließen. Nur so war all das Leid ertragbar, das sie gesehen, erzeugt hatten oder selbst erleiden mussten. Der einst heilige Schoß der Frauen wurde zur Wurzel der Sünde gemacht, wodurch sich der Schoßraum der Frauen verschloss. Durch die gegenseitige Verschlossenheit konnten Männer und Frauen sich nicht durch den Austausch ihren unterschiedlichen Energien wieder öffnen, sodass sich die Verschlossenheit weiter verstärkte.[27]

Hinzu kommt, dass Sexualität in ihrer schöpferischen Dimension lange Zeit abgespalten, verdrängt und diffamiert wurde. Durch die Trennung des Heiligen vom Erotischen wurde das Mysterium des Lebens missachtet und die Sexualität als Quelle von Schöpfung entweiht.

Im Wissen um diese kollektiven Prägungen können wir die Empfindsamkeiten und das Leid des anderen Geschlechts besser annehmen. Wir verstehen neu, wie verletzt das Herz von Männern ist, auch wenn sie über ihre Gefühle nicht sprechen oder sich isolieren. Es wird nachvollziehbar, wie Frauen durch die jahrhundertelange Abwertung des Weiblichen Minderwertigkeit verinnerlicht haben, ihre Macht leugnen und ihren Schoß verschließen. Zu den wechselseitig wirkenden Prinzipien gehört es auch, dass sich Frauen bis heute stark über Beziehung definieren, wodurch Männer sich vereinnahmt fühlen können. Schwarz-Schilling sieht für Männer in der Entfaltung ihrer Herzenskraft einen zentralen Schlüssel zur Ganzheit, für Frauen in der Entfaltung ihrer Selbstermächtigung und weiblichen Sexualität.[28]

Schauen wir uns nun genauer an, wie Versöhnung trotz all dieser trennenden Muster in der Paarbeziehung gelingen kann.

Teil 2
Die 10 Schritte der Versöhnung

Der Weg der Versöhnung ist ein vielschichtiger Prozess, der einer ganz eigenen Dynamik folgt. Versöhnung ist nicht ein einmaliger Akt, sondern ein Entwicklungsprozess, der uns in gewisser Weise transformiert – und uns vielleicht immer wieder neu vor Herausforderungen stellt. Er ist zugleich ein Wandlungsprozess, in dem wir uns im besten Fall von einer durch Verletzung erkalteten Beziehungsphase lösen und uns in eine reifere Beziehungsform hineinentwickeln, in der wir den Partner wieder – trotz aller Schatten, Schwächen, Verletzungen – mit liebevollen Augen anschauen können. Versöhnung lehrt uns, tiefer zu lieben. Sie ist das Ja, miteinander in und an der Beziehung zu wachsen.

In meiner Arbeit mit Paaren habe ich zehn Phasen im Prozess des Sich-Aussöhnens beobachtet. Die einzelnen Phasen können individuell auch einmal anders verlaufen. So sind manchmal mehrere Schritte gleichzeitig zu beobachten. Andere Schritte wiederum spielen vielleicht nur eine untergeordnete Rolle. Es ist gut, die Schritte im Versöhnungsprozess langsam und achtsam zu gehen und darin die ganz individuelle Ausgestaltung als Paar zu finden.

Ist eine Partnerin nicht bereit, den Weg der Versöhnung zu gehen, können die Schritte aber auch für sich alleine durchlaufen werden. Auch wenn sich nur ein Partner auf den Weg der Versöhnung macht, hat das in jedem Fall eine Auswirkung auf die Qualität der gelebten Beziehung und das eigene Selbstgefühl. Unsere Liebesfähigkeit entwickelt sich auch in dem Maße, wie wir uns persönlich weiterentwickeln.

Manche Schritte werden leichter fallen und sind schneller umzusetzen, andere bedeuten eine tiefe innerseelische Beziehungsarbeit, in der wir den anderen und uns selbst anders sehen lernen. Der Prozess kann damit einhergehen, über Nichteingelöstes in der Beziehung zu trauern, auch einmal über den eigenen Schatten zu springen und Erwartungen und Wünsche über Bord zu werfen.

Für jeden Menschen wird ein anderer Schritt der bedeutsamste sein. So mag für den einen das Mitgefühl mit sich selbst zentral sein, für den anderen die Akzeptanz der Andersartigkeit der Partnerin das Kernstück der Versöhnung sein. Pro Schritt gibt es verschiedene Praxisanleitungen. Wählen Sie diejenigen Übungen und Rituale aus, die zu Ihnen als Paar und zu Ihrer Situation passen. Sinnvoll ist es, lieber weniger Übungen durchzuführen, diesen aber ausreichend Zeit zu widmen. Sollte die Durchführung der Übung Sie überfordern, können Sie auch Beratung bei einer Paartherapeutin oder einem Psychotherapeuten in Anspruch nehmen. Kriterien dafür, sich besser professionelle Hilfe zu suchen, sind:

- Die Konflikte verstärken sich während oder nach den Übungen.
- Sie fühlen nach wie vor keine emotionale Annäherung.
- Ihre Kinder oder Freunde bitten Sie, mit dem Streiten oder der gegenseitigen Verurteilung aufzuhören.
- Sie haben das Gefühl, die Gräben zwischen sich alleine nicht mehr überwinden zu können.
- Unabdingbar ist externe Unterstützung bei sexueller, körperlicher oder seelischer Gewalt in der Paarbeziehung.

Seien Sie verständnisvoll mit sich selbst, wenn Sie vermeintliche Rückschläge erleben. Die Seele folgt keinem linearen Modell und geht ihre eigenen Wege. Wir sind Menschen des Herzens und Versöhnung ist nicht erzwingbar. Manchmal braucht es Jahre, um tiefen Frieden zu finden und sich zu versöhnen. Die Seele weiß sehr genau, wann ein nächster Schritt möglich ist und wann nicht. Wenn etwas forciert wird, ohne reif zu sein, gibt es keine Möglichkeit zur organischen Entwicklung. Hier lohnt sich Geduld und die Bereitschaft, immer wieder neu anzufangen – so, wie die Bäume im Frühling neu austreiben und das Leben immer wieder neu beginnt.

Der Versöhnungsprozess ist angelehnt an das tiefe Wissen um Transformation und Wandlung, das im oben bereits erwähnten Medizinrad bzw. Rad des Lebens enthalten ist. Diese uralten Modelle orientieren sich an den großen Kreisläufen der Natur und beziehen die natürlichen Zyklen des Lebens mit ein. Die zehn Schritte der Versöhnung korrespondieren mit diesen Wandlungsphasen. Wir können sie als archetypische Muster, die im Versöhnungsprozess im Hintergrund wirken, verstehen.

Der Ausgangspunkt für einen Versöhnungsprozess ist meist, dass ein Paar realisiert: So, wie es jetzt ist, kann es nicht weitergehen. Im ersten Schritt geht es darum, den eigenen seelischen Rückzug wahrzunehmen und sich einzugestehen, welchen Preis wir dafür zahlen, unversöhnt zu bleiben. Paare spüren, wie die Liebe hinter den Mauern des inneren Rückzugs und des Widerstands verschüttet liegt und Ausgrabungsarbeit ansteht.

Das führt im zweiten Schritt dazu, dass die hinter der Verhärtung verborgenen starken Gefühle frei werden. Es wird wichtig, die ver-

Norden
5. Die Wirklichkeit annehmen
6. Mit dem anderen mitfühlen
7. Aufeinander zughen

4. Das Wagnis
eingehen,
aufzubrechen

Westen
3. Mit sich
selbst
mitfühlen;
Innenschau

8. Sich versöhnen
mit dem Anderssein

9. Sich damit
versöhnen, dass
Osten nicht alles
versöhnbar ist
10. Liebevoll auf
sich und den
anderen blicken

1. Den seelischen
Rückzug wahrnehmen

Süden

2. Den starken Gefühlen
Raum geben

Abbildung 2: Die zehn Schritte der Versöhnung im Rad des Lebens

schütteten Gefühle wie Schmerz, Trauer, Liebe, Vertrauen auf eine Weise wahrhaftig auszudrücken, die keine neuen Verletzungen hervorruft. Im Lebensrad entspricht dies der Qualität des Sommers und des Südens. Den Gefühlen wird in sozialverträglicher Form freier Lauf gelassen, ohne sie festzuhalten. Dadurch kann gestaute Energie wieder fließen. Im zweiten Schritt geht es auch darum, sich mit (Selbst-)Anklage, Zweifel und Selbstzweifel auseinanderzusetzen. Dies führt uns in die Qualität des Westens und des Herbstes, zum nächsten Schritt.

Der dritte Schritt umfasst, mit uns selbst in all den inneren Herbststürmen und Schatten der Dunkelheit wie Angst, Wut, Scham, Ohnmacht, mitzufühlen und die eigenen Schwächen ohne Schuldvorwürfe anzuschauen. Durch die tiefe Innenschau, gepaart mit dem liebevoll mitfühlenden Blick auf uns selbst, gehen wir der Qualität des Nordens und des Winters entgegen und kommen zum nächsten Schritt.

Beim vierten Schritt im Versöhnungsprozess geht es darum, sich auf den Neuanfang einzulassen: Wir nehmen unser Leben wieder selbst in die Hand und wagen den Aufbruch in neue Sichtweisen und Beziehungsformen. Geleitet von unserer Sehnsucht nach Leben-

53

digkeit nähern wir uns wieder aneinander an. Das ist leichter möglich, wenn wir uns mit unseren Kraftquellen verbinden, die uns helfen, uns geschützt zu fühlen.

Die Schritte fünf bis sieben sind in der Qualität des Nordens und des erwachsenen, selbstverantwortlichen Handelns angesiedelt. Im fünften Schritt erkennen wir die Wirklichkeit mehr und mehr so an, wie sie ist. Wir beginnen, die Vergangenheit neu zu sehen und neue Geschichten über alte verletzende Situationen zu erzählen. Indem wir neue Perspektiven einnehmen, übernehmen wir Verantwortung für uns und unser Leben. Dies bildet die Basis für den sechsten Schritt, in dem wir Mitgefühl für den anderen empfinden. Den Partner zu verstehen, zu fühlen, was sein Schmerz ist, seine Beweggründe und Motive nachzuvollziehen, kann ein zentraler Wendepunkt im Versöhnungsprozess sein. Aus diesem gegenseitigen Verständnis heraus können wir im siebten Schritt aushandeln, wer was braucht, und ob es notwendig ist, Wege der Wiedergutmachung zu finden.

Im achten Schritt söhnen wir uns mit der Andersartigkeit des anderen aus und verneigen uns vielleicht auch vor seiner Bestimmung. Wir führen mehr und mehr Stärkendialoge statt Schwächendiskussionen. Wir bewegen uns auf die Qualität des Ostens zu, des Frühlings, der Inspiration, die neue Visionen und letztlich die Liebe in die Beziehung zurückbringt.

Im neunten Schritt versöhnen wir uns damit, dass wir trotz all unserem Streben und Bemühen manche Dinge nicht versöhnen können. Dies ist eine tiefe Einsicht, mit der wir uns von Groll und Bitterkeit befreien können. Es ist auch ein Sterben von alten Ideal- und Wunschbildern, damit neue, realistische Formen gelebter Beziehung wieder Raum finden. Im zehnten Schritt können wir den liebevollen Blick auf die Partnerin neu entdecken und unser Vertrauen in etwas Größeres stärken, das uns als Paar verbindet. Die Qualität des Ostens umschließt neben dem Loslassen auch die Hingabe an das Leben. Es ist die Erkenntnis, dass wir immer eingebunden sind in das große Ganze, das lebendige Leben, und dass der göttliche Funke uns verbindet.

1. Schritt: Den seelischen Rückzug wahrnehmen

Werden Verletzungen innerhalb einer Paarbeziehung zu groß oder häufen sie sich an, kann dies dazu führen, dass Gefühle abgespalten werden oder regelrecht einfrieren. Die Liebe erkaltet. Oft geht dieser Rückzug an Gefühlen damit einher, in den Alltagsaufgaben noch relativ gut miteinander zu funktionieren. Die Kommunikation erstreckt sich auf Absprachen, was noch zu erledigen ist und auf Organisatorisches. Über das, was innerlich wirklich bewegt, wird kaum mehr gesprochen, und wenn, dann entlädt sich im Streit die Atmosphäre von Unverständnis, Wut und dahinterliegender Trauer. Das innere Gefühl ist, mehr neben- als miteinander zu leben.

Seelischer Rückzug äußert sich als Sprachlosigkeit. Sie entsteht, wenn die kritischen Themen, an denen das Paar in der Vergangenheit gescheitert ist oder sich verstrickt hat, mehr und mehr vermieden oder tabuisiert werden. In dieser Resignation gegenüber Ungeklärtem und Verletzungen entschwindet das Gefühl von Liebe, Unbefangenheit und Lebensfreude. Wir fühlen uns leer, unzufrieden und unglücklich. Die Partner zeigen und spüren kaum mehr Tiefe und können sich kaum mehr in die Augen schauen oder berühren. Es wird ein Schutzwall um sich gezogen, alte Streitthemen hervorgezerrt oder Beweise gesucht, weshalb man sich besser trennen sollte.

Ausgelöst durch schwierige Erfahrungen, Konfrontationen mit dem Partner oder auch durch Mitgefühl seitens vertrauter Menschen werden die Konsequenzen, die der innere Rückzug mit sich bringt, deutlich spürbar. Es wird sichtbar, wie wir zum Schutz vor Schmerz unser Herz dicht und unberührbar gemacht, es verschlossen haben. Um unser Herz zu schützen, haben wir den Fluss des Lebens und unserer Lebendigkeit unterbrochen. Die Distanz zu den eigenen Gefühlen und zu dem Menschen, den wir einst so geliebt haben, beginnt mehr zu schmerzen als die eigentliche Verletzung durch den Partner.

Oft zahlen wir einen hohen Preis dafür, uns seelisch zurückzuziehen. Die Konsequenzen der Distanzierung sind Leere, Resignation oder Flucht. Manchmal liegt die eigentliche Verletzung schon viele Jahre zurück, aber ein Partner hängt immer noch in den alten, unversöhnten Erfahrungen fest. Er gibt damit vergangenen Situationen noch viele Jahre später Macht über das heutige Seelenbefinden und die Paarbeziehung.

Diesen seelischen Rückzug ganz bewusst wahrzunehmen und anzuerkennen, ist der entscheidende erste Schritt im Prozess der Versöhnung. Dieses Eingeständnis kann bereits eine große Erkenntnis sein.

Eine gute Möglichkeit, um sich in diesem Prozess gemeinsam zu unterstützen, sind Zwiegespräche. Sie bieten einen rituellen Rahmen, indem sich Paare mit ungeteilter Aufmerksamkeit begegnen können. Michael Lukas Möller hat dies in seinem Buch »Die Wahrheit beginnt zu zweit«[29] ausführlich beschrieben. Diese Zwiegespräche sind für alle Phasen des Versöhnungsprozesses sehr hilfreich.

Paarritual: Zwiegespräche

Nehmen Sie sich jede Woche eine Stunde Zeit, um in einem rituellen Raum darüber zu sprechen, was sie im Leben, innerseelisch und in der Beziehung bewegt. Erzählen Sie einander, was Ihre Themen, Nöte, Ängste und Hoffnungen sind. Verwenden Sie einen sogenannten Sprechgegenstand, der gewährleistet, dass von Herzen gesprochen und aufmerksam zugehört wird. Dieser Sprechgegenstand kann ein besonderer Stein oder einfach ein Holzstück sein. Wer den Gegenstand in der Hand hat, erhält die volle Aufmerksamkeit des Partners und wird nicht unterbrochen.

Wenn Sie Ihre Gefühle ausdrücken, ist es ratsam, sich nicht gegenseitig anzuklagen oder zu widersprechen. Vielmehr geht es darum, die eigene Wahrheit authentisch auszusprechen und die seelische Wahrheit der Partnerin wirklich zu hören und zu erfassen.

Beim Zuhören können Sie darauf achten, was die ganz besondere Art Ihres Partners ist, durch das Leben zu gehen und zu fühlen. Die Botschaft ist: »Ich höre und bezeuge deine Wahrheit – auch im Wissen, dass ich eine andere Wahrheit habe.« Hören Sie zu, ohne zu urteilen, zu bewerten oder Rat zu geben. Unser innerer Kritiker ist oft allzu präsent. Der Partner, der erzählt, braucht Sicherheit und Unterstützung, um auf seinem Weg weiterzugehen. Daher ist es hilfreich, den anderen darin zu ehren, wo er sich innerlich befindet, und darin, was er zu tun hat.

Allein schon das Sprechen mit dem Sprechgegenstand kann eine neue Form der Kommunikation bedeuten, die Ruhe, Zentrierung und eine Herzenssprache ermöglicht. Beim Erzählen und Zuhören können Sie den Fokus darauf legen, was hilfreich im Umgang mit der Verletzung ist.

Dieses Ritual können Sie auch an einem Kraftort in der Natur oder während eines Spaziergangs durchführen.

In Zeiten emotionaler Kälte und des Rückzugs, von Streit und dem Wunsch nach Versöhnung, sind Dankbarkeit und Wertschätzung wichtige Anker. Bevor die unversöhnten Themen angesprochen und bearbeitet werden, ist es ungemein hilfreich, sich erst einmal wieder ein kleines positives Fundament aufzubauen. Dies kann das Paar tun, indem sich beide – trotz und jenseits aller Verletzungen – vergegenwärtigen, was sie aneinander schätzen.

Das folgende Paarritual richtet sich darauf, dass wir vergessen haben, uns gegenseitig mitzuteilen, wie gut der Partner von seinem tiefsten Wesenskern her ist. Inspiriert ist dieses Wertschätzungsritual von einer indigenen Tradition, in der Jugendliche, die etwas sehr Gravierendes falsch gemacht haben, weder bestraft noch kritisiert werden. Stattdessen nimmt die Gemeinschaft den Jugendlichen über viele Stunden und Tage immer wieder in ihre Mitte und erzählt ihm, was sie alles an ihm schätzt und gut findet, dass er in seinem Wesenskern gut ist und Gutes möchte. Die dahinterliegende Idee ist, dass ein verletzendes Verhalten sich nur deshalb seinen Weg bahnen konnte, weil die Erwachsenen vergessen haben, den Jugendlichen daran zu erinnern, wie gut es ist, dass er da ist. Was würde eine solche Haltung, mit den Fehlern und dem verletzenden Verhalten der Partnerin umzugehen, in unserer Partnerschaft bewirken?

Zu Beginn einer Paartherapie fördert das auf dieser Tradition aufgebaute Wertschätzungsritual die Bereitschaft, wieder offener und wohlwollender aufeinander zuzugehen und sich auf einen tiefen Prozess der Versöhnung einlassen zu können.

Um die Wertschätzung bewusster in die eigene Beziehung zu holen, können folgende Fragen unterstützend sein: Was mag ich besonders an meinem Partner, meiner Partnerin? Wann habe ich dies dem anderen das letzte Mal mitgeteilt? Was wertschätze ich selbst an mir in der Beziehung? Was hilft mir, an den guten Kern im anderen zu glauben, auch wenn es einmal schwierig ist?

Paarritual: Sich gegenseitig wertschätzen und danken

Setzen Sie sich gegenüber und schauen Sie sich eine Weile in die Augen. Wenn das zu nahe ist, können Sie eine brennende Kerze zwischen sich stellen und die Kerze betrachtend innerlich still werden.

Versuchen Sie, das innere Licht des anderen wahrzunehmen und den Menschen hinter seinen Mustern zu sehen. Sie können sich vorstellen, wie Sie die Schleier aus Verletzungen zur Seite schieben und den anderen in seiner Essenz, seinem Wesen sehen.

Sprechen Sie dann nacheinander mit einem Sprechgegenstand aus, wofür Sie dankbar in Ihrer Beziehung sind oder waren und was Sie am anderen wertschätzen. Erwähnen Sie alles an Wertschätzendem, was Ihnen in den Sinn kommt, auch Kleinigkeiten, Alltägliches oder Selbstverständliches. Wenn Ihnen nichts mehr einfällt, bleiben Sie in Stille, bis wieder ein Gedanke ausgesprochen werden möchte. Danken Sie all dem, was Sie an Wertvollem in der Beziehung erlebt haben und auch selbst eingebracht haben. Wenn es für Sie passend erscheint, danken Sie auch für die schwierigen Zeiten und dafür, was Sie daraus lernen konnten. Erzählen Sie sich anschließend, was Sie beide zusammen besonders gut machen und können. Wo sind Sie ein gutes Team?

Wichtig ist, dass Sie ausschließlich in der Wertschätzung und Dankbarkeit bleiben. Kein Aber. Keine Anspielungen. Falls das zu schwer ist, kann jede Person das Ritual zuerst für sich alleine machen und sich selbst dafür danken, was sie in die Beziehung eingebracht hat, darin gut macht und was sie an sich selbst schätzt.

Zum Abschluss des Rituals können Sie die Kerze ausblasen und für eine Weile in Stille sein. Es ist wichtig, Raum für die Erfahrung zu lassen und nicht sofort wieder in die Alltagskommunikation einzutauchen.

Mit etwas Abstand können Sie gemeinsam überlegen, welche Bedeutsamkeit Sie den Themen Wertschätzung und Würdigung in der Beziehung geben und wie es sich auswirken könnte, sich regelmäßig echt gemeinte Wertschätzung auszusprechen, z. B. jeden Abend oder jeden Sonntagvormittag.

Corinna und Tobias sind beide Mitte Dreißig und seit sieben Jahren ein Paar. Seitdem er, drei Jahre bevor sie zur Beratung kamen, Nein zu ihrem Heiratsantrag gesagt hat, ist die Beziehung belastet und abgekühlt. Die Verletzung bei ihr ist so groß, dass es ihr schwerfällt, zu diesem Thema wieder sprachfähig zu werden. Die körperliche Nähe beschränkt sich auf flüchtige Umarmungen. Die Frage nach dem Warum lässt Corinna nicht los, zumal Tobias es selbst nicht versteht. Beide sehen keinen Weg, zugleich seine als auch ihre Bedürfnisse zu erfüllen. Trotz des Gefühls, zutiefst abgelehnt zu sein, möchte sie wieder zu einer Haltung finden, die sie weiterhin Ja zur Beziehung und Liebe sagen lässt. In der Paartherapie möchten beide einen Weg finden, die Verletzung zu verstehen, zu versöhnen und die Frage nach ihrer Zukunft zu klären.

Obwohl es beiden nicht leichtfällt, lassen sie sich in der ersten Sitzung auf das Dankbarkeitsritual ein. Anfangs kommt die Wertschätzung nur sporadisch mit längeren Pausen. Je länger das Ritual andauert, desto leichter sprechen beide aus, was gut ist – trotz alledem. Ihre Stimmung wird freudvoller, leichter, und sie sind überrascht zu hören, was der andere schätzt. Er äußert, dass er ihre kämpferische Gerechtigkeitsader, ihre Art, Freundschaften zu pflegen, und ihre Intuition ebenso liebt wie ihren Mut, Sachen anzupacken, einfach loszulegen und auszuprobieren. Beide erkennen, dass dies auch zu ihrem spontanen Antrag geführt hat und mit seiner gegenteiligen Art, bedacht und langsam mit Entscheidungen zu sein, kollidiert.

Corinna betont, dass sie neben seinem Humor, seiner Hilfsbereitschaft und seinen neuen Ideen auch an ihm mag, dass er nicht Klischees entspricht, unabhängig denkt und eigensinnig ist.

Einige Sitzungen später erkennt sie, dass Tobias genau diese Seite, die sie so sehr an ihm liebt, mit einer Heirat verraten hätte. Die Frage nach einer Heirat löste bei ihm eine starke Abwehr gegen die gesellschaftlichen Konventionen und Erwartungen seiner Eltern aus. Zudem beschreibt Tobias sich als jemand, der zentrale Entscheidungen in seinem Leben sehr lange abwägt.

In Partnerschaften geschieht es nicht selten, dass wir die Aspekte, die wir einst geliebt und geschätzt haben, später ganz gegenteilig erleben. Sind wir selbst ein aktiver und umtriebiger Mensch, dann wird uns die Entspanntheit und ruhige Art der Partnerin anfangs wohltun. Im Laufe der Zeit kann es aber dazu kommen, dass wir die gleiche Art als lästig, zu bequem und langweilig empfinden, während die Partnerin unsere Unruhe, unser anhaltendes Beschäftigtsein immer weniger erträgt und das Gefühl hat, dass die Beziehung hinter all den Aktivitäten zu kurz kommt.

Das Wertschätzungsritual eröffnet in diesen Polarisierungen und Enttäuschungen die Möglichkeit, den Blick zu wenden und eine neue Perspektive auf das Verhalten und die Beweggründe der Partnerin einzunehmen. Es unterstützt, wieder den guten Kern dieser Eigenschaften sehen zu lernen und ihn in die Beziehung wieder mehr einzubringen.

Bei der folgenden Übung geht es darum, sich gegenseitig mitzuteilen und in gewissem Sinne auch einzugestehen, zu welchen Konsequenzen die seelische Zurückgezogenheit in der Beziehung und im eigenen Leben geführt hat. Manchmal ist es gut, die Übung zuerst für sich alleine durchzuführen. Es geht darum, die eigenen Gefühle und Handlungen achtsam, selbstehrlich und liebevoll zu erforschen.

Paarübung: Der Preis des Rückzugs – ein Zwiegespräch

Setzen Sie sich nebeneinander und halten Sie beide einen Notizblock und einen Stift bereit. Einigen Sie sich, wer mit der Übung beginnt.

Die erste Person stellt immer wieder die gleiche Frage und schreibt die Antworten stichpunktartig auf. Die zweite Person erzählt. Nach ca. fünf Minuten gibt es einen Wechsel und die Rollen werden getauscht. Nun wird die Partnerin befragt und ihren Antworten gelauscht. Jeder hat vier Mal fünf Minuten Zeit zu sprechen. Diese Zeit ist nötig, um die innere Wahrheit zu erkunden, zu präzisieren, im Erzählen neu zu finden.

Während der Übung empfiehlt es sich, die Antworten nicht zu kommentieren oder in einen Dialog einzusteigen. Die innere Haltung beim Fragen und Zuhören ist echtes Interesse am anderen:»Erzähle mir, was dich bewegt, sodass ich dich verstehen kann«. Die Zuhörende schweigt und ist wie ein offenes Gefäß.

Die Frage, die immer wieder gestellt wird, lautet ganz einfach: »Welchen Preis bezahlst du für deinen inneren Rückzug?« Zum Abschluss spürt jede Person nach: Wer bin ich, wenn ich diese Erkenntnis zulasse? Kann ich mich mit den Gefühlen, die dadurch vielleicht entstanden sind, etwa Scham oder Selbstvorwürfe, annehmen? Sie können die Übung auch variieren, indem Sie vier Fragen stellen und zu allen jeweils fünf Minuten lang antworten: »Wie erlebst du deinen Rückzug?« »Wie erlebst du meinen Rückzug?« »Was gewinnst du dadurch? Was ist gut daran, dich zu verschließen?« und schließlich die Frage »Welchen Preis bezahlst du für deinen Rückzug?«

Sich zu vergegenwärtigen, welchen Preis wir für den innerseelischen Rückzug in einer Beziehung zahlen, kann Menschen »erwachen« lassen. Sie erkennen, wie viel Lebensenergie und Lebensfreude sie sich selbst vorenthalten haben, wie erschöpft sie sind durch die Zeit der emotionalen Kälte oder wie ihre Gesichtszüge fast verbittert wirken. Manchmal sind Menschen auch erschrocken, wie sie den Strom der Liebe in sich unterdrückt haben, weil mit der Verletzung all die anderen, guten Gefühle auch wie eingefroren sind – oft monate- oder jahrelang.

Diese Übung kann uns vor Augen führen, wie sich die Seele vor weiterer Verletzung geschützt hat, wie viel Lebensfreude wir uns selbst vorenthalten haben. Mit dieser Erkenntnis wirkt die Übung oft befreiend. Ein erster Schritt in Richtung einer versöhnlicheren Haltung ist getan.

2. Schritt: Den starken Gefühlen Raum geben

Wenn wir den seelischen Rückzug hinter uns lassen, dann kommen oft auch starke, mitunter alte Gefühle zutage. Das kann von der Wut auf den Partner bis hin zu der Wut auf das Leben allgemein reichen, das uns etwas angetan oder vorenthalten hat. Ärger und tiefe Trauer können ebenso aufbrechen wie Verzweiflung, Enttäuschung, Hass oder bittere Anklage.

Gefühle zuzulassen ist oft mit Angst verbunden. Übergehen wir jedoch angestaute Gefühle, kann das die Beziehung lähmen. Nicht anerkannte Gefühle und unausgesprochene Anklagen können vor sich hinschwelen und dadurch wachsen. Im Wunsch, möglichst schnell wieder zu einem alten Zustand zurückzukehren, können wir auch zu schnell vergeben und Gefühle unterdrücken.

Wir können uns fragen, ob wir weiterhin gut geübte Rollen spielen möchten, die wir teilweise gar nicht mehr bemerken, oder ob wir es wagen wollen, uns wahrhaftig zu zeigen. Es braucht Mut, sich mit allen Schwächen, Fehlbarem, mit intensivsten Gefühlen und den eigenen Unzulänglichkeiten zu öffnen.

Viele Paare haben vielleicht schon gefühlt hundert Mal ausgedrückt, was schwierig ist, verletzt und wütend macht. Manchmal fühlen sich die Beteiligten ohnmächtig, weil sie sich nicht verstanden fühlen oder sich nichts ändert. Der wichtige Unterschied zu Vorwürfen und gegenseitigen Anklagen ist hier, den Fokus mehr auf die eigenen Gefühle zu lenken, achtsam mit sich und dem Partner umzugehen und durch das Fühlen wieder in Kontakt mit den dahinterliegenden Bedürfnissen zu kommen. Dadurch kann auch überprüft werden, ob alte eigene Wunden die aktuelle Situation überlagern und dadurch dramatisch zuspitzen.

In der Phase des zweiten Schrittes geht es darum, dass wir die heftigen Gefühle auf eine Art und Weise zulassen, die keine neuen Verletzungen erzeugt. Es braucht neue Wege, Gefühle so wahrhaftig auszudrücken, dass sie heilsam wirken und eine tiefere Verbindung schaffen. Indem wir mitteilen, was uns emotional bewegt, brechen wir das Schweigen. Wir beginnen, uns zu bewegen. Statt die Gefühle in uns festzuhalten oder zu verstecken, werden sie damit lebendig.

Das macht einen großen Unterschied. Denn: Gefühle machen uns lebendig.

Gefühle können auch einmal unerwachsen und ungezähmt mitgeteilt werden. Dass es dabei vielleicht zu Anklagen und Vorwürfen kommen kann, ist Teil des Versöhnungsprozesses, auch wenn es sich auf den ersten Blick nicht versöhnlich anfühlt. Versöhnung bedeutet in dieser Phase nicht:»Was passiert ist, ist okay, vergessen wir es.« Sie hat auch nichts mit blindem Vertrauen zu tun.

Der entscheidende Schlüssel ist: Nein zu sagen zu dem, was verletzt hat, in unseren Augen Unrecht war, und die eigenen Grenzen zu wahren. Dadurch gewinnen wir Selbstrespekt und Vertrauen in unsere eigene Wahrheit zurück. Als Erwachsene können wir unterscheiden zwischen der Ganzheit unseres Partners und seinem Verhalten in ganz bestimmten Situationen. Wir können gleichzeitig sagen, denken und fühlen:»Was du getan hast, ist nicht okay, *und* es hindert mich trotzdem nicht daran, dich zu lieben.« Mit diesem neuen Muster können wir experimentieren, es lernen und leben. Denn es macht uns bindungssicherer in unserer Partnerschaft. Wir können z. B. herausfinden, wie sehr die Angst, nicht mehr geliebt zu werden, wenn wir Nein sagen, uns dabei steuert, unsere Gefühle nicht wahrhaftig auszudrücken.

Für die Entwicklung in der Paarbeziehung ist es wichtig, sich auch dann angenommen zu fühlen, wenn negative Gefühle geäußert werden. Es braucht Übung, um sichere Wege zu finden, sich einerseits mit der eigenen Verletzung ehrlich auszudrücken und andererseits den Partner dabei in gleicher Weise zu ehren wie sich klar abzugrenzen von verletzenden Verhaltensweisen.

Was löst diese heftigen Gefühle aus? Es sind Unrechtserfahrungen, Frustration, dass wir mit unserem Willen nichts erreichen können, uns nicht ernst genommen oder wichtig fühlen. Die heftigen Gefühle brechen meist dann hervor, wenn wir etwas nicht kontrollieren konnten und das Gefühl von Schutz und Vertrauen verloren haben. Sie entstehen häufig bei Erfahrungen von Machtlosigkeit. Wenn wir erschüttert sind, reagieren wir unmittelbar darauf mit dem Versuch, die Kontrolle über uns und die Situation wiederzuerlangen. Das gibt uns zunächst Sicherheit. Dieses Bedürfnis nach Sicherheit ist sehr ernst zu nehmen. Es führt uns zu der Frage, wie wir uns sicher und geschützt fühlen können, wenn wir unsere verletzte Seite zeigen und uns damit aktiv verletzbar machen. Im Ausdruck von Gefühlen sollten wir daher nur so weit gehen, wie wir uns sicher fühlen. Wir müssen unsere Welt erst sicher machen, bevor wir vergeben können. Gefühle müssen nicht um jeden Preis ausgedrückt werden. Wenn wir durch den Ausdruck der Gefühle ins Schreien, Fluchen, Toben oder in Rage kommen, kann das auch emotionale Dramatisierung forcieren. Wir verstärken dann das Unrecht, das geschehen ist. Das kann zum einen zu neuen Verletzungen führen. Zum anderen kann möglicherweise offensichtlich werden, dass uns die Geschichte, die wir uns selbst erzählen, mitunter mehr belastet als das, was real passiert ist. Die Gefahr ist, dass wir in alten, destruktiven Gefühlen hängen bleiben und sie noch mehr heraufbeschwören. Unser Schmerz kann Bilder verstärken, die vielleicht nur aus Missverständnissen heraus entstanden sind. Die Chance darin, die eigenen starken Gefühle wahrhaftig auszudrücken, ist, dass wir auf den verborgenen Schmerz, der möglicherweise dahinterliegt, schauen können.

Hinweis zu den Übungen und Ritualen

In den folgenden Übungen geht es darum, einen Raum als Paar zu schaffen, in dem auch schwierige Gefühle angenommen und gewürdigt werden. Rituale können im Umgang mit Gefühlen sehr hilfreich sein. Durch konstruktives Tun kann sich die starke Energie umlenken. Im Ritual wird es möglich, die starken Gefühle in ihrer Wirkung zu entschärfen und zu kanalisieren.

Zwei Vorbemerkungen sind zu den Übungen und Ritualen wichtig. Zunächst sollten Sie sorgfältig überlegen, ob es besser ist, erst einmal für sich alleine Ihren Gefühlen Raum zu geben, bevor Sie diese mit der Partnerin teilen. Wenn wir uns selbst besser verstehen, können wir uns auch der Partnerin gegenüber besser verständlich machen. Achten Sie sehr darauf, dass es nicht zu neuen Verletzungen und Diskussionen kommt. Wenn Sie merken, dass Sie beide sich die alten Vorwürfe machen, die Sätze wiederholen, die Sie schon oft gesagt haben, legen Sie besser eine Pause oder Stilleminute ein, in der Sie nachspüren, worum es Ihnen wirklich geht. Eine wirksame Methode, um neue Verletzungen zu vermeiden, ist, von sich und den eigenen Gefühlen zu sprechen statt davon, was der andere in seinem Verhalten oder seiner Einstellung verändern sollte.

Vor allem ist dem Bedürfnis nach Schutz und Sicherheit unbedingt Rechnung zu tragen. Sicherheit kann durch einfache Vereinbarungen hergestellt werden. Eine wichtige Spielregel ist: Sprechen Sie von sich, in Ich-Form. Des Weiteren kann ein Sprechgegenstand eingesetzt werden: Wer die »Sprechmuschel« in der Hand hält, hat das Wort und bekommt die ungeteilte Aufmerksamkeit. Der Partner hört so gut wie möglich ohne Wertung, Augenverdrehen oder Unruhe zu. Das könnte eine dritte, wesentliche Vereinbarung sein: Sich beim Zuhören zu vergegenwärtigen, dass die Partnerin ihre eigene Wahrheit ausdrückt, die von der eigenen verschieden sein darf. Sprechen Sie in jedem Fall vor gemeinsamen Übungen darüber, was jede an Schutz und Minimalvereinbarung braucht, um die eigenen Gefühle auszudrücken.

Die erste Übung dient dazu, den Partner besser zu verstehen in seiner Art, Gefühle auszudrücken und mit Versöhnung umzugehen. Sie bezieht sich nicht direkt auf verletzte Gefühle in der Beziehung. Von daher ist es eine Art Aufwärmübung, die zugleich wichtige Impulse für den Versöhnungsprozess setzen kann.

Reflexionsübung: Umgang mit meinen Gefühlen in der Kindheit

Erzählen Sie sich gegenseitig von Ihren Erfahrungen anhand folgender Fragen:
- Wie wurde auf mich als Kind reagiert, wenn ich meine Gefühle ausgedrückt habe? Fühlte ich mich sicher? Was davon prägt meine Beziehungen noch bis heute?
- Was waren die ausgesprochenen und unausgesprochenen Worte und Botschaften aus meiner Familie zu Vergebung und Entschuldigung? Was bedeutet diese Prägung für unseren Versöhnungsprozess als Paar und für meinen Umgang mit verletzten Gefühlen?
- Was habe ich in der Vergangenheit darüber gelernt, mit Schwächen von anderen, mir bedeutsamen Personen umzugehen? Wie wirkt sich das früher Gelernte bis heute in der Partnerschaft aus?

In der Nachkriegsgeneration war es lange Zeit verloren gegangen, die eigenen Gefühle auszudrücken. In vielen Familien war es früher üblich, dass man sich entschuldigen musste, ohne dass es ein Gespräch darüber gab, was überhaupt vorgefallen war. Oft gab es keine Streitkultur, Probleme wurden unter den Teppich gekehrt und es wurde eine Scheinharmonie mit unauthentischen Gefühlen vorgelebt. Das hat dazu geführt, dass wir unser Herz verschlossen haben.

Die nächste Übung sollten Sie bei sehr starken Gefühlen, deren Ausdruck die Partnerin verletzen könnte, für sich alleine durchführen.

Übung für sich alleine: Wutbrief und Bedürfnisbrief schreiben

Schreiben Sie einen Brief an Ihre Partnerin, in dem Sie all Ihre Verletzung, Ihre Ohnmacht, Ihren Ärger klar und deutlich, ohne Zensur, aufschreiben. Drücken Sie darin auch aus, von welchem Verhalten Sie sich abgrenzen, was für Sie nicht in Ordnung war und ist und wozu Sie ganz klar Nein sagen. Vielleicht möchten Sie in diesem Brief auch benennen, für welche Bereiche Sie Ihrem Partner Verantwortung abgenommen haben, die eigentlich seine Aufgabe sind.

Mit etwas Abstand schreiben Sie den Brief neu: Überlegen Sie zu jedem Vorwurf, zu jedem Gefühl, was Sie eigentlich gebraucht hätten und welche unerfüllten Bedürfnisse hinter Ihren Gefühlen liegen. Das kann z. B. Achtsamkeit, Unterstützung, Verständnis sein.

Vertiefend können Sie sich fragen: An welche Person aus meiner Vergangenheit hätte ich ähnliche Worte gerichtet wie in meinem Wutbrief? Gibt es Ähnlichkeiten? Was bedeutet das für mich?

Behalten Sie die Briefe für sich und lesen Sie sie der Partnerin nicht vor. Teilen Sie in einem Moment ungeteilter Aufmerksamkeit der Partnerin Ihre Bedürfnisse mit – ohne Anspruch, dass sie dafür verantwortlich ist, diese auch zu erfüllen. Mit den Inhalten des Briefes können Sie sehr gut in den folgenden Versöhnungsschritten weiterarbeiten.

Das folgende Ritual ist eine Variation des Zwiegesprächs. Hier geht es explizit darum, die Gefühle in Bezug auf unversöhnte Erlebnisse auszudrücken. Das Gefühl, sicher und geschützt dabei zu sein, stellt sich leichter ein, wenn Sie mit der Kultur der Zwiegespräche bereits gute Erfahrungen gemacht haben.

Paarritual: Zwiegespräch zu den eigenen Gefühlen

Führen Sie ein Zwiegespräch mit Sprechgegenstand. Teilen Sie dabei Ihrem Gegenüber Ihre Gefühle zu unversöhnten Erlebnissen in der Paarbeziehung mit.

Erzählen Sie sich gegenseitig, was Sie verletzt, traurig, wütend macht. Hören Sie aufmerksam zu. Betten Sie Ihre Kritik in wertschätzende Bemerkungen ein; hilfreiche Redewendungen können dabei z. B. sein: »Ich liebe dich, und es verletzt mich, wenn …«, »Ich achte dich als meine Partnerin, und es macht mich wütend, dass …«

Wenn alles gesagt wurde, antwortet die Partnerin schlicht mit den Worten: »Ich habe dich gehört.« Rechtfertigen Sie sich nicht und sprechen Sie sich gegenseitig nicht Ihre Gefühle und Reaktionen ab. Der Fokus ist hier, die Gefühle der Partnerin voll und ganz ernst zu nehmen und sich nicht davon angegriffen zu fühlen, dass die andere Person das fühlt, was sie fühlt.

Nehmen Sie sich während des Sprechens und vor allem, bevor Sie den Sprechgegenstand an die Partnerin weiterreichen, Zeit, um bewusst ein- und auszuatmen. Halten Sie immer wieder inne, um den Atem und damit das Leben zu spüren. Damit verlangsamen Sie das Gespräch und verhindern, dass die Emotionen mit Ihnen »durchgehen«. Lassen Sie den Schmerz kommen und wieder ziehen. Lassen Sie die Gefühle durch sich hindurchfließen. Entspannen Sie zwischendurch auch immer wieder einmal Ihre Schultern und Ihr Gesicht. Danken Sie einander zum Abschluss.

Paare müssen sich immer auch mal wieder »aushalten« und »halten«. Das kann mal der eine, mal die andere gerade besser. Wichtig ist, sich beim Zuhören zu vergegenwärtigen, dass es ein überlagerter alter Schmerz sein kann, der geäußert wird. Die Gefühle des Partners ernst zu nehmen und stehenzulassen, ohne sie in Abrede zu stellen, sie abzuwehren oder den Spieß rumzudrehen und dem Partner die Schuld zu geben, ist hier von großer Bedeutung. Erst in einem späteren Schritt kann es sinnvoll sein zu überprüfen, hinter welchen Gefühlen bestimmte Interpretationen oder Übertragungen aus alten Mustern verborgen sind bzw. hervorbrechen.

Alltagsritual: Feste Streitzeiten

Vereinbaren Sie feste Zeiten für Streit, z. B. jeden Mittwoch von 18 bis 19 Uhr oder jeden Tag von 18 bis 18.15 Uhr. Suchen Sie dabei nach einem für Sie beide geeigneten Zeitpunkt. Wählen Sie den Zeitpunkt nicht zu spät am Abend. Das könnte dazu führen, dass Sie vor dem Zubettgehen zu aufgewühlt sind und schlecht schlafen. Heben Sie sich ausnahmslos alle Streitthemen konsequent für diesen vereinbarten Zeitraum auf. Sprechen Sie auch hier so gut es geht in Ichbotschaften.

Der Hintergrund für das Ritual der festen Streitzeiten ist, dass die heftige Energie oft bereits verpufft ist, wenn zum definierten Zeitpunkt gestritten werden soll.

Das folgende Erneuerungsritual[30] basiert darauf, dass angestaute Gefühle wieder in Fluss kommen und so eine Grundlage für Versöhnung möglich wird. In der afrikanischen Kultur der Dagara wird es sogar alle fünf Tage durchgeführt. Um die Partnerschaft zu revitalisieren, wird alles Negative aus der Beziehung hinausgeworfen. Dabei wird davon ausgegangen, dass die spirituellen Kräfte dem Paar durch die Krise eine Botschaft mitteilen möchten. Das Paar sitzt mit dem Rücken zueinander in einem Kreis aus Asche. Sie verbinden sich mit den spirituellen Kräften und sprechen *gleichzeitig* all ihre Frustrationen, Not und ihren Schmerz in der Beziehung zu diesen spirituellen Kräften hin aus. Dadurch, dass sie gleichzeitig sprechen und klagen, achten sie mehr auf sich als auf das, was der andere sagt. Mit der Zeit werden sie leiser, langsamer und lassen ihre Gefühle los. Die Versöhnung besteht darin, dass sie sich gegenseitig mit Wasser begießen und damit den Streit von sich abwaschen.

Das folgende Ritual ist an dieses Ritual der Dagara angelehnt:

Alltagsritual: Gemeinsam und gleichzeitig »schimpfen«

Setzen Sie sich Rücken an Rücken auf Stühle oder den Boden. Alternativ können Sie sich auch in der Natur an zwei Seiten eines dicken Baumes, jeweils mit dem Rücken zum Baum, setzen. Sprechen Sie dann gleichzeitig laut oder flüsternd all das aus, was Sie kränkt, enttäuscht, wütend, ohnmächtig, traurig macht. Sprechen Sie so lange, bis sich Ihre Energie langsam erschöpft. Achten Sie darauf, dass Sie ganz bei sich und Ihrem Ausdruck der Gefühle bleiben. Vermeiden Sie es, dem Partner zuzuhören.

Hinter jedem Gefühl steckt ein tieferer Sinn: Ärger dient meist dazu, sich selbst zu behaupten, Neid dient dazu, sich selbst weiterzuentwickeln. Reflektieren Sie alleine oder zu zweit: Was ist der Sinn meiner Gefühle? Was ist der Sinn des Ärgers, der Wut, der Trauer? Was erzeuge ich durch diese Gefühle in meiner Beziehung? Entspricht das meinem »Sinn«? Gibt es andere Wege, den Sinn dahinter auszudrücken? Diese Reflexion kann neue Wege sichtbar werden lassen, wie Sie Ihre Gefühle beziehungsfreundlicher ausdrücken können.

Die folgende Übung zielt in eine ähnliche Richtung, nämlich die Wirkung und Bedeutung der Gefühle zu überprüfen.[31] Hinter Ärger kann oft Ohnmacht, hinter Trauer unterdrückter Ärger stecken. Bleiben wir im Sekundärgefühl, kann uns der Zugang zu tiefer liegenden Primärgefühlen verwehrt bleiben.

Gedankenexperiment: Jenseits der Gefühle

Hinterfragen Sie sich: Wie würde dieselbe unversöhnte Situation aussehen, wenn ich meine Gefühle weglasse? Was passiert dann? Welche tieferen Gefühle stehen hinter den vordergründigen Gefühlen?

Naturübungen

Eine starke Quelle von Kraft, Weisheit und Erkenntnis können rituelle Zeiten in der Natur sein. Der Unterschied zu einem normalen Spaziergang in der Natur ist bei rituellen Naturwanderungen, dass die Natur als Gesprächspartnerin und als Spiegel angesehen wird. Ganz bewusst treten wir in den rituellen Raum ein, indem wir mit einer Absicht oder Frage über eine Art Schwelle in die Natur gehen. Die Idee ist, dass jenseits der Schwelle alles, was uns begegnet, eine Botschaft oder Weisheit auf unsere Absicht bzw. Frage verkörpert.

Da die Natur keine Türen hat, durch die wir hinein- und hinausgehen können, schaffen wir diesen symbolischen Raum über eine Schwelle. Die Schwelle kann ein Ast sein, der zu einem Tor gebogen ist, durch das wir schreiten. Es kann ebenso ein am Boden liegender Apfel, ein Bach, den wir bewusst überqueren, eine Baumwurzel oder einfach ein Strich sein, den wir mit einem Ast am Boden zeichnen.[32]

Betten Sie Naturrituale in einen geschützten Rahmen ein, indem Sie sie mit einem vertrauten Menschen vor- und nachbereiten. Achten Sie darauf, dass es bei diesen Auszeiten sichere Grenzen, klare Schwellen gibt und Sie sich in der Natur ungestört fühlen können. Wählen Sie eine Tageszeit oder einen Wochentag, in der kaum Menschen unterwegs sind. Für diese rituellen Auszeiten sind zwei Stunden ausreichend.

Rituelle Naturwanderung: Ein Symbol für die Partnerin finden

Gehen Sie über eine Schwelle hinaus in die Natur. Finden Sie einen Baum oder bestimmten Platz in Ihrer Nähe, der für Ihre Partnerin oder Ihre Beziehung steht. Sprechen Sie mit ihm, erspüren Sie ihn und drücken Sie aus, was im Alltag ungesagt bleibt. Besuchen Sie den Beziehungsbaum oder Beziehungsplatz regelmäßig.

Rituelle Naturwanderung:
Starke Gefühle ausdrücken und wandeln[33]

Gehen Sie über eine Schwelle hinaus in die Natur. Finden Sie einen Platz, der Ihre Beziehungsschwierigkeiten symbolisieren kann, z. B. neben zwei ineinander verkeilten Bäumen oder bei zwei großen Steinen, die nebeneinanderliegen, ohne sich zu berühren. Setzen Sie sich dort hin, spüren Sie in sich hinein und fragen Sie sich: Wo ist der Beziehungsschmerz in mir, den der Platz verdeutlicht? Wie agiere ich ihn im Leben aus? Wo sitzt er in meinem Körper? Lassen Sie die Weisheit Ihres Körpers sprechen und drücken Sie den Schmerz mit Ihrer Körperhaltung und Bewegung aus.

Finden Sie anschließend einen neuen Platz und machen Sie ihn »heil« und »sicher«. Beobachten Sie, wie Sie diesen heilsamen Raum und diese Sicherheit intuitiv gestalten. Fragen Sie sich: Was hat mir geholfen, in der verletzenden Beziehungssituation heil zu bleiben? Danken Sie dafür, dass Sie durch irgendetwas geschützt waren und dass das Leben durch Sie hindurchfließen kann.

Spielerisch »Dampf ablassen«

Neben diesen Naturritualen existieren eine Reihe spielerischer nonverbaler Methoden, um starke Gefühle auszudrücken, ohne neue Verletzungen zu erzeugen. Manchmal gibt es bestimmte Zeiten oder Situationen, in denen sich schon vorhersehen lässt, dass es zu Missstimmung kommt, z. B. am Freitagnachmittag nach einer anstrengenden Arbeitswoche, wenn Gefühle sich angestaut haben. Es ist günstig, genau zu diesen Zeiten bewusst »Dampf abzulassen«, damit sich ein Teil der angestauten Energie abbauen kann, bevor sie sich verbal entlädt. Das kann ein einfaches Tanzen zu lauter Musik sein, ein Herausschütteln des Ärgers aus dem Körper, ein Wettbewerb über die wohlklingendsten Schimpfworte oder eine Kissen- oder Papierschlacht. Aber auch durch das gemeinsame heftige Kneten eines Pizzateigs für das Abendessen, Holzhacken oder durch einen schnellen Spaziergang können sich angestaute Energien erst einmal nonverbal entladen.

Sehr wirkungsvoll ist auch das Fantasie-Schimpfen. Es eignet sich, wenn die Stimmung einerseits schon etwas aufgeheizt, aber noch nicht eskaliert ist. Das Paar redet gleichzeitig in einer Fantasiesprache. Dabei redet es sehr ausdrucksstark, lautmalerisch und wild gestikulierend. Beide sprechen so lange, bis einer der Partner das Ritual mit einem Codewort, z. B. »Schluss«, beendet.[34]

Eine weitere kreative Möglichkeit, mit starken Gefühlen umzugehen, liegt darin, in Zeiten des Nicht-Streites den »üblichen Streit« zu spielen.

Nehmen Sie sich nach all diesen Reflexionen, Ritualen und spielerischen Übungen einen Moment Zeit, um sich zurückzuziehen und der Erfahrung nachzuspüren.

3. Schritt: Mit sich selbst mitfühlen

Den Schmerz zuzulassen, öffnet uns dafür, uns im dritten Versöhnungsschritt den eigenen Gefühlen liebevoll und mitfühlend zuzuwenden. Das liebevolle Annehmen der eigenen Gefühle ermöglicht, die erstarrte Seele schmelzen zu lassen. Wir lernen, die Bürde zu tragen und den Schmerz zu fühlen, auch wenn sie dadurch nicht verschwinden.

Das ist nicht immer einfach, vor allem wenn wir mit Schuld- und Schamgefühlen, Selbstanklagen und Selbstzweifeln zu tun haben. Wenn wir jedoch üben, uns diesen schwierigen Gefühlen mit freundlicher Selbstliebe zuzuwenden, können wir auch die hinter diesen starken Gefühlen liegende Lebenskraft hervorholen. In dieser Phase wird oft betrauert, was war, was nicht war und was gefehlt hat. Manchmal ist der Schmerz aber auch so groß, dass wir zunächst Mitgefühl von außen brauchen.

Was ist Mitgefühl mit sich selbst? Was nicht?

Selbstmitgefühl bedeutet, die Zugehörigkeit zu mir selbst anzunehmen und die Feindschaft mit mir selbst aufzugeben. Mitgefühl mit mir selbst heißt, mich selbst so zu akzeptieren, wie ich bin, ohne dass ich anders sein muss, etwas anderes tun oder fühlen muss, besser, mehr sein muss. Es ist eine Haltung von Güte, Gnade und bedingungsloser Liebe zu sich selbst. Mit dieser Haltung sehen wir mit liebevollen Augen auf uns und geben uns Trost und Verständnis. In der eigenen Not umarmen wir uns und das eigene Leben, so wie es ist.

Es braucht eine Weile, um zu erkennen, dass wir selbst unsere beste Freundin, unser beste Freund sind. Wenn wir mit uns selbst mitfühlen, befreien wir den anderen von dem Druck, uns trösten zu sollen, was schwierig wäre, da wir uns ja gerade durch ihn gekränkt oder verletzt fühlen. Indem wir uns selbst liebevoll und wertfrei zuhören, können wir uns aus unserer Isolation herausholen. So gut es geht erkennen wir, was wir im Schmerz am meisten brauchen und wünschen, und schenken uns selbst, was wir vom anderen erwarten. Wenn wir uns Anerkennung von unserer Partnerin wünschen, diese jedoch nicht erhalten, können wir uns selbst Anerkennung und Selbstwertschätzung schenken. Dadurch gewinnen wir unsere Souveränität zurück. Auch wenn das eine große Aufgabe ist, kann es sich sehr lohnen, diese Haltung zu üben.

Wenn ich mit mir selbst mitfühlen kann, mich verstehe, zu mir stehe, kann ich mich auch für etwas entschuldigen, ohne mich klein zu machen. Gandhi beschreibt es sehr schön: »Wenn du im Recht bist, kannst du dir leisten, die Ruhe zu bewahren. Und wenn du im Unrecht bist, kannst du dir nicht leisten, sie zu verlieren.« In diesem Sinne umfasst Mitgefühl mit sich selbst auch, Frieden mit sich zu schließen.

Oft sind wir mehr mit dem Partner beschäftigt als mit uns selbst. Die Anwesenheit des anderen kann dazu führen, dass wir uns selbst verlassen. Vielen Menschen fällt es leichter, mit anderen mitzufühlen als sich selbst zu spüren.

Selbstmitgefühl erleichtert es, auch mit dem Partner, der einen verletzt hat, mitzufühlen. Es meint nicht, egozentriert nur um sich selbst zu kreisen. Und es meint auch nicht, die eigenen Probleme wichtiger zu nehmen als die des anderen, und wenn wir uns selbst vergeben, heißt das nicht, sich aus der Verantwortung zu stehlen. Selbstmitgefühl ist eine Haltung, sich wieder zu zentrieren und das Verletzte in sich selbst trösten zu können.

Verlassenheitsgefühle überwinden – ein Fallbeispiel
Marlene und Anton sind seit zwölf Jahren ein Paar und haben ein gemeinsames Kind sowie ein Kind aus Antons erster Ehe. Obwohl Marlene Anton immer noch liebt, ist sie verzweifelt und kurz davor, die Beziehung zu beenden. Wenn die Kinder nicht wären, wäre sie längst weg. In dieser Lebenssituation entwickelt sie eine Depression.

Das Grundproblem besteht für sie darin, dass sie damals zu ihm auf den Hof gezogen ist und dort bis heute nicht ihren Platz in seinem eng gestrickten Familiensystem gefunden hat. Auf dem Hof leben noch sein Vater, seine Oma, sein Bruder mit Schwägerin. Obwohl es ein wunderbarer Ort ist und zunächst wie ein Paradies erschien, haben sie keine Privatsphäre. Der in ihren Augen sehr dominante Bruder spannt Anton im gemeinsamen Betrieb so ein, dass sie sich komplett alleingelassen fühlt. Sie wünscht sich zutiefst, dass ihr Mann sie versteht, mehr zu ihr hält und ihr und der eigenen Familie mehr Priorität und Zeit schenkt.

Als Anton realisiert, dass er seine Frau verlieren könnte, öffnet er sich und ist bereit, gemeinsam mit ihr ihre Not anzuschauen, sich Zeit und ungeteilte Aufmerksamkeit für eine Klärung und gemeinsame Weiterentwicklung zu nehmen. Bei ihr bleibt trotzdem das Gefühl, nicht verstanden zu werden. Marlene und Anton beschließen, eine Paarberatung zu machen.

Hier kann sie ihm verdeutlichen, wie sie sich in dem Familiensystem fühlt und dass sie dort immer noch nicht den Platz gefunden hat – weder sie nicht noch sie beide als Paar. Als wir ihre Angst, verlassen zu werden, tiefer anschauen und ihren Glaubenssatz »Ich bin immer allein« genauer in den Blick nehmen, erinnert sie sich an ihr Grundgefühl in der Kindheit, verlassen zu sein. Ihre depressive Mutter konnte nicht für sie da sein.

Marlene gelingt es, liebevoll und freundlich ihren eigenen Schmerz anzuschauen und ihr Leid zu würdigen. Sie empfindet tiefes Mitgefühl mit ihrem kleinen Mädchen, das sich nach der Mutter sehnt und eine Mutterwunde in sich trägt. Sie versteht, dass ihr Gefühl des Verlassenseins tiefere Wurzeln in dieser alten Verletzung hat. Und sie spürt, wie sie dieses Grundgefühl in die Beziehung getragen hat. Über ihr Mitgefühl mit sich wird es ihr möglich, ihren Frieden mit der Mutter zu finden. Das wirkt erlösend für sie.

Ihrem Beispiel folgend kann auch Anton sich seiner eigenen Mutterwunde zuwenden und den kleinen inneren Jungen spüren, der ebenfalls eine tiefe Muttersehnsucht in sich trägt. Seine Mutter war einst die gute Seele des Hofes gewesen. Sie war, kurz bevor Marlene auf den Hof zog, durch einen tragischen Unfall ums Leben gekommen. Dieses einschneidende Erlebnis hatten beide nie richtig betrauert. Sie erkennen, wie sehr sie auch über die gemeinsame Muttersehnsucht verbunden waren und voneinander erwartet hatten, der andere möge die Mutter ersetzen oder die Mutterwunde heilen. Sie würdigen, dass sie lange Zeit ihre Muster des verlassenen Mädchens und des verlassenen Jungen gelebt hatten und ihre Paarbeziehung auf diese Weise gar keinen Raum und Platz im Familiensystem finden konnte.

Durch Marlenes Selbstmitgefühl werden die Bedürfnisse ihres kleinen verlassenen Mädchens erfüllt: Sie fühlt sich akzeptiert und gesehen. Sie kann annehmen, dass sie von Anton nicht wirklich alleine gelassen wird. Ähnlich erlebt es Anton: Sein kleiner Junge, der voller

Schmerz war, von seiner Mutter so plötzlich verlassen worden zu sein, hatte sich innerlich zurückgezogen. Durch Antons Selbstmitgefühl kann sich sein inneres Kind wieder öffnen.

Ihr beider Mitgefühl mit den kindlichen Mustern führt dazu, dass sie die gegenwärtigen Schwierigkeiten leichter lösen können. Nach dieser Klärung spürt Marlene, dass Anton hundertprozentig zu ihr steht. Sie entschließt sich, ihr Leben auf dem Hof neu zu gestalten. Mehr und mehr lernt sie, Respekt für ihn und die Situation zu entwickeln, ihre eigenen Bedürfnisse wahrzunehmen und zu formulieren und klare Grenzen für ihren Privatraum einzufordern. In der Folge ändern sich auch die Lebensbedingungen auf dem Hof. Ihr privater Rückzugsraum wird auch von Antons Familie wesentlich mehr akzeptiert.

Selbstmitgefühl und Versöhnung

Selbstmitgefühl bedeutet, uns selbst leichter verzeihen zu können. Im Prozess der Versöhnung geht es nie nur darum, sich mit dem Partner zu versöhnen. Es geht immer auch darum, mit sich selbst und dem eigenen Lebensweg versöhnlicher umzugehen. Zugleich fördert die Versöhnung mit uns selbst unsere Fähigkeit, uns mit anderen zu versöhnen.

Versöhnung heißt hier, die Unvollkommenheit mit in unser Herz einzubeziehen und mehr und mehr damit einverstanden zu sein. Wir lernen, unser Inneres in belastenden Beziehungssituationen genauer wahrzunehmen. Dazu gehört auch, darüber nachzudenken, auf welche Art und Weise wir versuchen, andere zu beeinflussen, um das zu erhalten, was wir von ihnen brauchen. Das starke Bedürfnis, vom anderen geliebt und geachtet zu werden, kann zu überhöhten Erwartungen führen, die dann immer wieder enttäuscht werden.

Wenn wir auch mit unseren mehr oder weniger erfüllbaren Wünschen sanft und verständnisvoll umgehen, können wir die verschiedenen Wetterlagen des Lebens besser annehmen. Indem wir uns zu uns selbst hinwenden, uns selbst ernst nehmen, uns selbst genauer erkunden, können wir eher mit unserer eigenen Mitte, mit der Quelle unseres ureigensten Erlebens, in Kontakt kommen. So werden wir unabhängiger von äußeren Einflüssen. In uns gibt es diesen heiligen Raum, zu dem nur wir selbst Zugang haben und in dem alle Verletzungen immer schon geheilt sind.

Es ist wichtig, anzuerkennen, dass nicht der andere uns glücklich oder unglücklich macht, sondern dass das, was Leid verursacht, auch in uns selbst liegt. Meist sind es die Gefühle, nicht genug, nicht richtig zu sein, die zu Selbstabwertung führen.

Spielarten erbarmungsloser Selbstkritik

Betrachten wir die Strategien der Selbstabwertung genauer. Im Prozess der Versöhnung passiert es unweigerlich, dass wir uns fragen, wie es denn überhaupt zu den Verletzungen kommen konnte, wie sich die Dinge nur so zuspitzen konnten. Wir beginnen, an uns selbst zu zweifeln, gerade wenn wir schon viel Bewusstseinsarbeit geleistet haben. Wir fragen uns: Wo habe ich etwas falsch gemacht? Was hätte ich anders machen sollen?

Zugleich ist unsere seelische Not tief, und die Wunden der Verletzungen schmerzen. Es steht an zu betrauern, was war und was nicht hatte sein können. In dieser Phase neigen wir oft zur Selbstanklage und verurteilen uns selbst. Mitunter werden wir zu unserem schlimmsten Kritiker, einer Art Selbstkritikmonster. Gerade wenn die Partnerin uns in unserem Schmerz nicht wahrnehmen und halten kann, weil sie selbst verletzt ist, kann sich das Gefühl der Isolation vertiefen.

Die Mechanismen der Selbstgeißelung und der inneren Kriegsschauplätze sind vielfältig und ihre Wirkungen verheerend. Solange wir mit uns selbst kämpfen, steigt die Wahrscheinlichkeit, dass wir uns auch unserer Partnerin gegenüber vorwurfsvoll oder anklagend verhalten. Unsere Selbstabneigung färbt auf das Erleben unseres Alltags ab. Wir verurteilen uns für unsere Fehler und gehen oft sehr unbarmherzig mit der eigenen Unvollkommenheit um. Eine zentrale Erfahrung vieler Menschen ist die Angst, für Fehler bestraft zu werden und dann auch kein Mitgefühl zu verdienen.

Die innere Kritikerstimme sagt z. B.: »Du bist doch selbst schuld.« »Du hast es doch so gewollt. Also beschwer dich nicht.« »Stell dich nicht so an, andere haben es viel schlimmer.« Diese innere Stimme kann sehr laut und unerbittlich werden. Es ist hilfreich, diesen inneren Kampf zwischen Verletzung und Selbstverurteilung, der in uns tobt und zu neuer Verletzung führt, bewusst zu fühlen. Manchmal sind die äußeren Aufgaben zusammen mit unserem inneren Kampf kaum zu ertragen. Gehen wir dann noch in Widerstand zu unserem Schmerz, kann das zusätzlich das empfundene Leid verstärken.

Die innere Stimme der Selbstabwertung ist meist deshalb so hartnäckig, weil wir sie jahrelang eingeübt haben. Wiederholen wir diese Stimme in unseren Gedanken, geben wir ihr Kraft. Wenn wir uns jedoch dieser Selbstabwertung liebevoll zuwenden, entkräften und neutralisieren wir sie.

Wenn wir in einer Beziehungssituation überreagieren und merken, wie ein Knopf bei uns gedrückt wird, der unsere Gefühle direkt anspringen lässt, können wir innehalten und uns klar werden, was gerade in uns passiert. Üblicherweise reagieren wir auf solche sogenannten Trigger damit, dass wir den Partner verantwortlich machen, ihm die Schuld in die Schuhe schieben und noch ein dickes Paket zusätzlich auf das laden, was er gesagt oder getan hat. Gerade in diesen Momenten sind oft alte Muster angesprochen, die wir mitfühlend wahrnehmen können. Auch unserer Überreaktion können wir mit liebevoller Freundlichkeit begegnen und uns vergegenwärtigen, dass wir auch auf diesen Ausdruck von emotionaler Verletzung mit Selbstmitgefühl reagieren können.

Auswege aus der Selbstverdammung

Wir können die Erbarmungslosigkeit uns selbst gegenüber beenden, wenn wir den Entschluss fassen, unseren menschlichen Schwächen mitfühlend zu begegnen. Diese Form der Selbstakzeptanz bedeutet, dass wir mit uns Frieden schließen, und zwar genau dort, wo wir selbst gerade stehen.

Durch freundliche Zuwendung zu unserem Schmerz schaffen wir von einem Moment auf den anderen ein neues positives Gefühl. Der isolierte Ärger wandelt sich in Ärger *und* verstehende Zuwendung zu einer Wunde, die nach Heilung ruft. Unsere Angst wird transformiert in Angst *und* freundlichen Trost. Auf diese Weise umarmen wir unsere negativen Emotionen mit positiven Gefühlen.

Wenn wir barmherzig mit uns selbst umgehen, sind wir zärtlich zu uns, haben ein Herz für unser Sosein, für das Schwache und das Verwaiste in uns. Unser Herz wendet sich all dem Unglücklichen und Aufgewühlten in uns selbst zu. Wir verdammen uns nicht länger für unsere Fehler, sondern begreifen sie als Chance, weicher und verständnisvoller zu werden. Unsere Schwächen sehen wir mehr und mehr als Möglichkeit zur Orientierung und als Entwicklungshelfer.

In den nachfolgenden Übungen geht es darum, das Mitgefühl mit sich selbst zu stärken. Die erste Übung eignet sich vor allem dann, wenn Sie sich nach einer Entschuldigung oder Einsicht des Partners sehnen, diese aber nicht erhalten und Ihnen das keine Ruhe lässt. Es hilft, sich innerlich ein bisschen zu versöhnen. Im Mittelpunkt der zweiten Übung steht, sich selbst zu verzeihen. Sie ist inspiriert von Reisch und Bojanowski.[35]

Übung: Imaginiertes Mitgefühl

1. Schritt: Schließen Sie die Augen. Stellen Sie sich Ihren Partner vor Ihrem inneren Auge vor. Nehmen Sie sich ein wenig Zeit, um ihn einfach nur zu betrachten. Versuchen Sie nun nach und nach, durch die verschiedenen Schichten von Schleiern, die Sie vom anderen trennen, hindurchzuschauen. Da ist zunächst der Schleier des für Sie schwierigen Verhaltens des Partners. Dann ist da der Schleier seiner Muster und Prägungen. Versuchen Sie, mehr und mehr zum Wesenskern des Partners zu gelangen, jenseits dieser Muster und Prägungen.

2. Schritt: Stellen Sie sich nun vor, dass Ihr Partner genau die Worte spricht, die Sie zutiefst versöhnen würden. Wählen Sie genau die Worte, die Sie am liebsten hören, die Sie am meisten trösten würden. Fühlen Sie das tiefe Mitgefühl, das darin zum Ausdruck gebracht wird. Bleiben Sie dabei verbunden mit dem Wissen, dass Ihr Partner diese Worte sehr wahrscheinlich äußern würde, wenn es ihm möglich wäre, wenn er Liebe und Respekt frei in sich fließen lassen könnte und nicht durch die eigenen Muster daran gehindert würde. Hören Sie einfach nur zu und lassen Sie die Worte auf sich wirken.

Übung: Sich mit sich selbst versöhnen[36]

Versuchen Sie einmal einen Tag lang, dem Leben, sich selbst und anderen alles zu verzeihen, was passiert. Ihre einzige Aufgabe an diesem Tag ist es, damit zu experimentieren, diese verzeihende, durchaus spielerisch-experimentelle Haltung zu leben.

Die Übung beginnt beim Aufwachen, wo Sie sich als Erstes verzeihen, dass Sie unausgeschlafen und etwas lustlos auf den Tag sind. Dann verzeihen Sie, dass Ihre Partnerin schon am frühen Morgen noch ganz schnell etwas mit Ihnen klären möchte. Sie äußern einfach entspannt, dass Sie später gerne in Ruhe darüber sprechen möchten. Denn Verzeihen heißt nicht, dass wir uns passiv verhalten und alles ertragen.

Während des ganzen Tages verzeihen Sie sich all Ihre kleinen Fehler, Unzulänglichkeiten, vielleicht auch unfreundlichen Worte zu anderen. Sie nehmen alle Geschehnisse des Tages mit einer versöhnlichen Haltung so an, wie sie sind. Alles hat Platz und darf sein: Klärende Gespräche, deutliche Worte, Freundlichkeit, Rückzug, schlechte Laune, Übermut, Mitgefühl mit sich oder kein Mitfühlen mit sich. Spüren Sie, wie sich Ihr Geist und Ihre Seele in dieser versöhnlichen Haltung entspannt.

Die dritte Übung knüpft daran an, dass Unvollkommenheit und Schwächen zu unserer menschlichen Grundnatur und Lebenserfahrung gehören. Sie ist angelehnt an eine Übung von Kristin Neff.[37]

Übung: Mitfühlen mit sich selbst in einem liebevollen Brief[38]

Denken Sie zunächst an etwas, das Sie an sich selbst in der Beziehung als unzulänglich oder unverzeihlich empfinden. Es können auch Scham- und Schuldgefühle oder Selbstvorwürfe sein. Nehmen Sie sich selbst ehrlich, ohne Bagatellisierung oder Übertreibung, so wahr, wie Sie sind.

Nun versetzen Sie sich in die Perspektive eines Freundes,

der Sie bedingungslos und liebevoll annimmt, der voll tiefer Vergebung für Sie ist, Sie mit all dem, was Ihr Wesen ausmacht, wertschätzt. Fühlen Sie, wie es ist, genau so geliebt zu werden, wie Sie sind. Stellen Sie sich vor, dieser weise Freund kennt Ihre großen Lebenszusammenhänge, Ihre Wunden, Ihre Prägungen, aus denen heraus der eine oder andere Eigensinn von Ihnen entstanden ist und Ihr Leben beeinflusst.

Nun schreiben Sie aus der Perspektive dieses Freundes heraus einen Brief an sich selbst, der vor allem das ins Zentrum stellt, was Sie sich selbst vorwerfen, schlecht vergeben oder was Sie nur schwer an sich annehmen können. Spüren Sie hin, wie er liebevolles Mitgefühl für diese schwierigen Seiten ausdrückt. Wie formuliert er sein bedingungsloses Verständnis auf Ihre Situation? Welche Ideen möchte er Ihnen mitgeben? Wie würde er ausdrücken, dass Sie ein Mensch wie andere Menschen sind, mit Stärken und Schwächen, sodass Sie sich liebevoll angenommen fühlen?

Lesen Sie den Brief mit etwas zeitlichem Abstand und lassen Sie ihn auf sich wirken, bis er Ihr Innerstes erreicht.

Kristin Neff schlägt in ihrem Buch ein Mantra vor, um in schwierigen Situationen mitfühlend mit sich selbst zu sein. Sie geht dabei von drei Aspekten des Selbstmitgefühls aus. Es umfasst Freundlichkeit mit sich selbst, das Gefühl, mit anderen verbunden statt isoliert zu sein, und Achtsamkeit, d. h. das gleichgewichtige Wahrnehmen aller Erfahrungen, statt unseren Schmerz zu ignorieren oder ihn zu übertreiben. Auf diesen drei Aspekten beruht die folgende Übung.

Übung: Mantra des Mitgefühls mit sich selbst entwickeln[39]

Ein Mantra ist ein formelhafter Satz, den wir innerlich wiederholen und der uns mit einer ganz bestimmten Qualität verbindet. In schwierigen Situationen können wir auf ein Mantra, das genau auf uns zugeschnitten ist, gut zurückgreifen. Es ist hilfreich, auf spielerische Art zu erkunden, welche Worte Sie brauchen, um sich in Beziehungsstresssituationen mit der Qualität des Selbstmitgefühls verbinden zu können.

Das Mantra des Selbstmitgefühls besteht aus vier Sätzen. Mit einem ersten Satz des Mantras wird anerkannt, dass es sich um einen Moment des Leidens handelt: »Das ist jetzt sehr schwer für mich« oder: »Das tut mir jetzt richtig weh.« Der zweite Satz würdigt, dass schmerzhafte Situationen und Leid ein Bestandteil des Lebens sind: »Schmerz und Leid gehören zum Leben« oder: »Jeder Mensch erlebt schmerzvolle Momente.«

Im dritten Satz wird auf die freundliche und mitfühlende Haltung sich selbst gegenüber verwiesen: »Möge ich meinem Schmerz mit einem freundlichen und liebevollen Blick begegnen« oder: »Möge ich verständnisvoll mit mir selbst sein.«

Der vierte und letzte Satz betont noch einmal explizit das Selbstmitgefühl: »Ich umarme meine Not«, »Ich habe Erbarmen mit meinen Wunden« oder: »Ich habe so gut es geht Mitgefühl mit mir selbst.«

Wenn Sie die vier Sätze, die für Sie stimmen, gefunden haben, können Sie sie auswendig lernen und versuchen, sie in Situationen, in denen Sie Schmerz erleben oder sich selbst verurteilen, anzuwenden.

Für Marlene, deren Geschichte wir weiter oben kennengelernt haben, könnten die vier Sätze lauten: »Der Schmerz des Verlassenseins, den ich fühle, ist wirklich schlimm. Dieses Verlassensein ist ein Teil unseres Menschseins. Möge ich voller Liebe für mich selbst in diesem Schmerz sein. Ich umarme mich in meinem Schmerz und verspreche, für mich da zu sein.«

Selbstmitgefühl ermöglicht uns, die Intensität unserer Gefühle zu besänftigen und uns zu beruhigen, gerade wenn wir uns in Beziehungskonflikten aufregen. Harte Kritik, Verächtlichmachung oder Egoverteidigung bei einem Streit sind weniger wahrscheinlich, wenn es uns möglich ist, unsere eigene Rolle bei der Auseinandersetzung anzuerkennen.

Streitigkeiten ergeben sich oft dadurch, dass beide Beteiligten ihren Standpunkt mit Nachdruck vertreten. Dadurch fühlt sich der Partner in seiner Sichtweise aber weder gehört noch in seinen Gefühlen gewürdigt. Die Argumente des anderen zu würdigen ist etwas, das uns im Streit ganz besonders schwerfällt. Fehlt diese Würdigung, werden die Reaktionen nur noch extremer, bis es zu Wutanfällen und Schuldzuweisungen kommt.

Mit der nächsten Übung können Sie als Paar gemeinsam oder auch alleine in hitzigen Beziehungssituationen oder in einem Streit eine kleine »Selbstmitgefühl-Pause« einlegen.

Übung: Eine Selbstmitgefühl-Pause einlegen[40]

Die Selbstmitgefühl-Pause gibt beiden Partnern die Gelegenheit, eine kurze Auszeit zu nehmen und sich wieder mit sich selbst und der eigenen Mitte zu verbinden. Diese Pause sollte vorher zwischen den Partnern vereinbart werden. Die Kunst besteht darin, in einer verwickelten Situation rechtzeitig an die Selbstmitgefühl-Pause von einigen Minuten zu denken. Ihr Schmerz könnte dabei eine Erinnerungsfunktion übernehmen. Durch diese Pausen können Sie einen Raum eröffnen, in dem sich etwas in Ihnen wieder beruhigen kann und Sie in dieser schwierigen Situation mitfühlend mit sich selbst sind.

In der kurzen Pause sollten Sie an einen Ort gehen, an dem Sie ungestört sind. Der erste Schritt besteht darin, dass Sie die Geschichte, die in Ihrem Erleben abläuft, stoppen. Indem Sie Ihre Gefühle wahrnehmen und sein lassen, können Sie Ihre Aufregung etwas besänftigen. Sie können das Mantra einsetzen, um sich selbst Mitgefühl zu geben. Spüren Sie nach, ob Sie aus einem alten, tiefen Schmerz heraus überreagieren, der weit über das Maß hinausgeht, das den Umständen angemessen wäre. Hören und würdigen Sie sich selbst.

Durch diese Selbstakzeptanz können wir den weiteren Verlauf des Konflikts in der Regel friedvoller gestalten. Wichtig ist dabei, der Partnerin positive Signale zu geben, wie z. B. ein freundlicherer Tonfall oder ein freundliches Wort.

Die nächste Übung lädt dazu ein, sich mit eigenen Schuldgefühlen zu versöhnen.

Naturritual:
Sich selbst vergeben – den Schmerz des Partners fühlen[41]

Gehen Sie rituell in die Natur und laden Sie innerlich Ihren Partner ein, mitzukommen. Erinnern Sie sich an eine Situation, in der Sie den anderen verletzt haben. Nehmen Sie wahr, auf welche Art und Weise er sich verletzt gefühlt hat. Fühlen Sie diesen Schmerz.

Lassen Sie dann Ihren Partner hinter sich und führen Sie einen ehrlichen Dialog mit sich selbst: Wie habe ich das gemacht, meinen Partner zu verletzen? Was war in mir, dass ich verletzt habe? Von welchem inneren Ort heraus kam mein verletzendes Verhalten? Gibt es eine alte eigene Wunde in mir?

Fühlen Sie auch diesen Schmerz. Fragen Sie sich: Kann ich mich selbst verstehen und mir vergeben, dass ich dem anderen diese Verletzung zugefügt habe? Umarmen Sie sich dafür, auch Fehler zu machen. Gestalten Sie ein kleines Ritual, um sich selbst zu vergeben, so gut es geht. Schenken Sie sich viel Mitgefühl dabei.

Selbstmitgefühl kann Paaren viel Kraft schenken. Wenn wir uns die eigenen emotionalen Bedürfnisse selbst erfüllen, erhalten wir die Liebe und das Verständnis, die wir uns wünschen. Die Folge ist, dass wir weniger bedürftig, abhängig und anhänglich sind. Im Wissen um unsere eigene Menschlichkeit können wir auch eigene Fehler benennen und Schwierigkeiten mit mehr Klarheit und Gelassenheit begegnen. Wenn wir uns selbst mit Freundlichkeit und emotionaler Wärme begegnen, können wir uns auch mehr für das Wesen unserer Partnerin öffnen.

4. Schritt: Das Wagnis eingehen, aufzubrechen

Durch Mitgefühl mit uns selbst sind wir der eigenen Lebens- und Liebeskraft schon sehr weit auf die Spur gekommen. Was hilft uns weiter dabei, die unversöhnten Verletzungen hinter uns zu lassen und das Wagnis einzugehen, zu einem Wiederneuanfang der Beziehung aufzubrechen? Und welche Chancen eröffnen sich dadurch? Im vierten Schritt geht es darum, trotz der Verletzungen das eigene Herz für die Partnerin in einem geschützten Rahmen wieder zu öffnen, sodass wir lebendiger werden und die Lebensfreude zurückkehrt.

Manchmal kann es bei diesem zarten Sich-Öffnen auch zu neuen Verletzungen kommen und wir können in das Alte zurückkippen. Es ist hilfreich, dies als Teil des Prozesses zu verstehen. Im Versuch, uns von alten, nicht mehr tragfähigen Interaktionsmustern zu lösen, scheint uns das Alte fast einzufangen, als wollte es uns wie ein vertrauter Begleiter immer noch schützen. Indem wir die alten Muster in ihrer Schutzfunktion und ihrem Dienst für unser Leben und Überleben würdigen, können wir sie auch ein Stück freigeben.

Schutz finden – Schutzräume gestalten

Zuerst braucht es meist einen neuen Schutzraum, um sich wieder für den anderen öffnen zu können. Da Schutz eher Distanz bewirkt, ist es wichtig zu erkunden, welche Art von Schutz das Sich-Öffnen fördert, statt Sich-Verschließen zu bewirken. Die widersprüchlichen Gefühle von Sich-Öffnen und Sich-Verschließen werden von den Partnern in dieser Phase sehr fein ausbalanciert. Der Rahmen der Zwiegespräche bietet hier schon eine Form des Schutzes, um sich wieder authentisch zu begegnen.

In diesem Prozess ist es wichtig zu verstehen, dass Frauen oft mehr und häufigere Bindung, mehr Nähe, Zeit und mehr Signale der Zuneigung einfordern, um den Schutzraum zu spüren, und Männer meist die intime und auch sexuelle Nähe brauchen, um sich sicher zu fühlen.

Manchmal sind Zwischenlösungen eine erste Entlastung und können einen Schutzraum ermöglichen. Dieser neue Schutzraum kann sowohl ein innerer wie auch ein äußerer sein. Paare können sich eine Auszeit nehmen oder sich räumlich Abstand schaffen, z. B. durch getrennte Schlafzimmer oder auch durch einen zeitlich befristeten Auszug. Durch diese äußere Distanz kann sich die verletzte Seele erholen. Durch den äußeren Abstand fällt es oft leichter, sich abzugrenzen, weil der Druck, immer zusammen sein zu müssen, wegfällt. Dadurch steigt meist auch die Bereitschaft, sich trotz Unversöhnlichkeiten gegenseitig anzunähern.

Andere Paare setzen sich eine zeitliche Frist. Sie versprechen einander, sich ein Jahr Zeit zu geben, um nach neuen Wegen der Versöhnung und des Miteinanderwachsens zu suchen. Erst nach Ablauf dieser Frist stellen sie sich vor die Entscheidung, ob ihr Lebensweg gemeinsam oder getrennt weitergeht. Dieses Versprechen kann bei Paaren einen großen Druck herausnehmen, sich sofort entscheiden zu müssen. Gerade wenn der eine Partner stärkere Trennungstendenzen als der andere hat, entlastet ein solches Versprechen und fördert Sicherheit.

Manchmal ist es notwendig, dass sich die Partner im Kontakt miteinander vor Verletzungen schützen. Wir wissen oft intuitiv, was uns mehr Sicherheit im Kontakt mit der Partnerin verleiht. In schwierigen Paarzeiten kann dieser Schutz durch eine Paarberaterin oder einen guten Freund, der einfach beiden wertfrei zuhört, ermöglicht werden.

Ein ganz simpler Schutz vor allem in der Kommunikation besteht in der Verlangsamung. Streits und erhitzte Diskussionen haben oft ein hohes Tempo. Sie ähneln einem Schlagabtausch und Ping-Pong-Spiel, in dem beide Partner vorwiegend aufeinander reagieren und sich sehr schnell Angriffs- oder Verteidigungsbälle zuwerfen. Die Kommunikation zu verlangsamen bedeutet, bedachter, spielerisch auch einmal in Zeitlupe zu sprechen und vor allem sehr lange Pausen zu machen, bevor wir antworten oder reagieren.

Die Mimik des anderen zu sehen, insbesondere einen Blick der Wut und des Zornes, kann für einen sensiblen Menschen an sich schon verängstigend oder verletzend wirken. Daher können Sie vor allem in schwierigen Gesprächen bewusst etwas zwischen sich stellen, das ihren Blickkontakt verhindert, etwa einen Paravent oder ein Tuch.

Aus dem Bereich der Imaginationsarbeit stammt eine Reihe von Schutzritualen. Wir können uns einen stummen, wohlwollenden Begleiter in unserem Rücken vorstellen, einen Schutzengel oder eine bedeutsame Person, die hinter uns steht. Wir können einen sicheren Ort imaginieren, an dem uns nichts passieren kann und den wir in schwierigen Situationen immer aufsuchen können. Schwierige Themen, die zu belastend sind, können solange in einem Tresor oder an einem anderen sicheren Ort verwahrt werden, bis die Zeit reif ist, sie hervorzuholen und zu klären.

Die folgenden Übungen können Sie alleine oder zu zweit durchführen.

Reflexionsübung: Welchen Schutz brauche ich?

Fragen Sie sich: Was gibt mir Sicherheit und Schutz in der Beziehung? Welchen Schutz brauche ich, um mich öffnen zu können? Was muss ich selbst dafür tun? Was brauche ich von dir? Welches Codewort wollen wir im Gespräch vereinbaren, das anzeigt, dass ich Schutz bzw. einen Moment Stille brauche?

Naturübung: Finden Sie ein Schutzwesen

Gehen Sie in die Natur und finden Sie einen Baum, einen Platz, einen Stein oder Ähnliches, das Ihnen das Gefühl gibt, geschützt zu sein. Nehmen Sie wahr, wie Sie Schutz erleben. Erzählen Sie dem Baum oder Platz von Ihren Gefühlen und was für Sie nicht in Ordnung war. Nehmen Sie wahr, wie sich Ihr Wesen, wenn es geschützt ist, für das Leben öffnet. Lassen Sie sich von der Balance zwischen Schutz und Sich-Öffnen inspirieren.

Versuchen Sie, in der nächsten schwierigen Beziehungssituation das Gefühl, geschützt zu sein, sich wieder zu vergegenwärtigen.

Heilsamer Schock – die Kraft aus der Wunde erkennen

Manchmal kann das Wagnis, aufzubrechen, auch durch einen heilsamen Schock initiiert werden, der eine Wende in der Beziehung einleitet. Wenn es gelingt, den Fokus weg von der Verwundung hin zu den Entwicklungsimpulsen und den Ressourcen zu richten, die aus der Verwundung entspringen und durch sie zum Vorschein kommen, können wir unsere Kraft spüren und unser Leben selbst in die Hand nehmen.

Das folgende Beispiel zeigt, wie auch durch verletzende Grenzerfahrungen ein Paar sich dazu entschließen kann, das Alte zu zerschmettern, um dem Neuen Raum zu geben. Das etwas längere Beispiel beschreibt einen langjährigen Versöhnungs- und Entwicklungsprozess.

Lukas entwickelte im Laufe der langjährigen Beziehung mit Miriam eine immer größere Wut darauf, dass sie sich ihm sexuell entzog. Mit seinem starken sexuellen Verlangen setzte er sie, wie er selbst sagt, unter Druck. Sie reagierte mit Panikattacken, Rückzug und fühlte sich überfordert mit der Erziehung der beiden Kinder und ihrer Berufstätigkeit. Er fühlte sich nicht geliebt und hatte das Gefühl, er sei viel zu häufig für sie verantwortlich. Die Wut begann immer mehr in ihm zu toben. Im Rückblick erzählt er von sich selbst:

»All die Streitereien hatten ein Thema: dass ich nicht genug geliebt werde, mehr Zuwendung brauche, mehr Sex. Heute weiß ich, dass dies eine große Lücke schließen sollte, die in mir klaffte. Eine Lücke, die aus der mangelnden Liebe meiner Eltern entstanden war, weil sie mich überhaupt nicht gewollt hatten. Ich war zu viel gewesen und deshalb mein Verhalten nie adäquat. Ich durfte nicht so sein, wie es mir entsprochen hätte. Um mir mein Eigenes auszutreiben, wurde ich vermutlich so brutal geschlagen, auch mit der Lederpeitsche. Klar, dass ich mich im späteren Leben an Miriam angepasst habe, weil mir mein Eigenes nicht bewusst war, ich noch keinen Bezug zu diesen Anteilen in mir hatte. Und mit der Anpassung wollte ich ihre Liebe gewinnen.

Für unsere Probleme gab es aus meiner Sicht eine verantwortliche Person: Miriam. Es war nicht so, dass ich meine Fehler nicht einsehen wollte – in ruhigen Phasen war ich gesprächsbereit und verständnisvoll. Doch von meinem grundlegenden Gefühl her lag die Verantwortung bei ihr: Sie engagiert sich nicht genug für mich, sie lässt mir nicht genug Freiraum, wegen ihr fühle ich mich eingeengt. Verständlich, dass Miriam diese Vorwürfe genervt haben. Wir waren in einer emotionalen Sackgasse angelangt. Es schien mir so, als ob sich nichts bewegt, weder in Richtung einer Befriedung der Partnerschaft noch in Richtung Trennung.

Als mich wieder einmal die Wut gepackt hatte, boxte mich Miriam und drohte mir, mich zu verlassen, wenn die Wut und die einseitigen Vorwürfe weiter anhalten sollten. Das war ein Schock für mich. Wir nahmen therapeutische Hilfe in Anspruch, was uns beiden guttat. Wir spürten, dass wir uns liebten. Zentral war, dass ich die tiefe Wunde, die ich aus der Kindheit kannte und die sich jetzt in der Beziehung wiederholte – mich abgelehnt zu fühlen und geschlagen zu werden –, ganz deutlich vor mir sah. Ich erkannte, wie sie sich in der Beziehung auswirkte. Ich konnte die Wunde annehmen, sie als zu mir und meinem Leben zugehörig würdigen. Ihr Wiederauftauchen in der Beziehung war für mich ein heilsamer Impuls für meine persönliche und unsere gemeinsame Entwicklung als Paar.«

Lukas und Miriam ist es gelungen, sich durch den heilsamen Schock mit sich selbst und dem anderen zu versöhnen. Gemeinsam begreifen sie, wie ihre Paarbeziehung zum Ort ihrer persönlichen Weiterentwicklung geworden ist. Diese neue Sichtweise der eigenen Gefühle und Verhaltensweisen hat ihnen neue Zugänge zu sich selbst und zum jeweils eigenen Leben eröffnet. Beide haben ihre eigene Kraft entdeckt, die aus dem neuen Umgang mit der Wunde entstanden ist.

Die Narben von Wunden können nicht heilen, auch wenn die Wunde selbst nicht mehr offen und an sich abgeheilt ist. Es sind eher ruhende Verletzungen; an diesen Stellen haben wir »Kerben«, sind verletzbarer. Doch wir können unseren Blick auf die verheilte Wunde richten, auf die Heilkraft, die in ihr zu sehen ist, und erkennen, wie wir durch sie in unserem Leben wachsen konnten. Die nachfolgende Übung unterstützt diese Fokusverschiebung sehr eindrücklich.

Rituelle Naturwanderung: Beziehungswunde und Heilkraft der Natur[42]

Gehen Sie rituell in die Natur. Finden Sie dort eine Wunde oder ein Hindernis, etwa einen abgebrochenen Ast oder einen Baum, der quer über den Weg gestürzt ist. Nehmen Sie diese Wunde bzw. dieses Hindernis ganz bewusst wahr. Lassen Sie sich davon an eine eigene seelische Wunde oder Verletzung in ihrer Beziehung erinnern. Beobachten Sie: Wie geht die Natur mit der Verletzung, dem Hindernis um? Welche Wege der Heilung spiegelt Ihnen die Natur? Was kann Ihnen die Natur für Ihre Beziehung zeigen? Lassen Sie sich inspirieren, wie Sie diesen Umgang mit der Wunde auf Ihre Beziehung übertragen können. Bleiben Sie eine Weile mit der Verletzung in Ihrer Beziehung *und* der Heilkraft der Natur in Kontakt.

Verändern Sie Ihre Position zur Verletzung in der Natur bzw. zum Hindernis so, dass diese sich in Ihrem Rücken befindet. Blicken Sie in die Landschaft: Was sehen Sie? Was befindet sich auf dieser anderen Seite der Verletzung? Dann übertragen Sie das, was Sie sehen auf Ihr eigenes Leben: Welche Ressourcen und welche Kraft entspringt jenseits der Verletzung, des Hindernisses? Welche Fähigkeiten konnten Sie in Ihrem Leben und in Ihrer Beziehung dadurch entwickeln?

Sich zur eigenen Lebenskraft hinzuwenden, die in der Auseinandersetzung mit der Wunde spürbar wurde, ist ein großer Wendepunkt in verstrickten, konflikthaften Beziehungssituationen. Eine solche »überwachsene« Wunde erinnert uns an unseren unverletzbaren Kern und zeigt, dass Ressourcen, Erkenntnisse und Engagement auch durch Verletzung in unser Leben kommen konnten. Es ist dann eine heilige Wunde, die vielleicht dazu geführt hat, dass wir andere Menschen in ihrer existentiellen Not besser verstehen können. Auf jeden Fall hat sie unser Leben geprägt. In der Hinwendung zu dieser Kraft können wir auch den Schmerz transformieren, statt in ihm gefangen zu bleiben. Wir halten die eigene Wunde in das Licht unseres Mitgefühls. Das kann eine zutiefst heilsame Erfahrung sein.

Die nächste Übung lädt dazu ein, sich auf diese Lebenskraft zu besinnen.

90

Übung: Beziehungsressourcen sammeln

Nehmen Sie sich alleine oder zu zweit einen Notizblock und Stift zur Hand. Notieren Sie in einem durchaus spielerischen Brainstorming alles, was Ihnen einfällt zu folgenden Fragen:
- Was habe ich gelernt durch eine frühere oder aktuelle Verletzung in unserer Beziehung, durch etwas Unversöhntes?
- Welche Kraft konnte ich entwickeln?
- Was hat mich getragen?
- Welche Ressourcen musste ich aktivieren?
- Wie bin ich dadurch gewachsen?
- Wie hat sich dies auf unsere Beziehung ausgewirkt?
- Was sind unsere Beziehungsstärken, mit Unversöhntem umzugehen?

Beachten Sie dabei die Grundregeln des Brainstormings: Keine Diskussion, keine Bewertung, kein Aber, Quantität vor Qualität, freies Anknüpfen an die Assoziationen des anderen. Würdigen Sie am Ende all die Beziehungsressourcen, die Sie gefunden haben. Sie können diese Liste auch fortführen, die Ressourcen auf Karten schreiben und in eine Art Schatzkiste oder Notfallkoffer packen, die Sie in der nächsten schwierigen Beziehungssituation hervorholen können.

Die Übung *Beziehungsressourcen sammeln* hat gezeigt, dass es möglich ist, bei der Auseinandersetzung mit Verletzungen in der Beziehung deren heilsame Aspekte in den Blick zu nehmen. Ähnlich beschreiben dies auch Elisabeth Reisch und Eberhard Bojanowski in ihrem Buch »Beziehungsglück«[43]. wobei sie buddhistisches Gedankengut miteinbeziehen. Eine ihrer Grundideen ist, dass alles Erleben – z. B. unsere Wut, unser Ärger, unsere Ablehnung – in unserer eigenen Innenwelt stattfindet und mehr mit uns selbst als mit dem Partner zu tun hat.

In einer ihrer Übungen zum Verzeihen laden sie dazu ein, einmal so zu tun, als ob wir die Verhaltensweisen, die wir am Partner nicht so leicht akzeptieren können, selbst hätten, auch wenn sie in uns vielleicht nicht oder sehr viel schwächer ausgeprägt sind. Dahinter steht die Idee, dass wir manchmal am anderen ablehnen, was wir mehr oder weniger bewusst in uns selbst ablehnen, oder dass wir manchmal auch durch unser vorausgegangenes Verhalten die Reaktion unseres Partners mitbeeinflusst haben. Wenn wir uns sagen hören: »Ich fühle mich durch meinen Partner manipuliert«, können wir uns fragen, ob auch wir schon einmal ansatzweise manipulierend auf den Partner eingewirkt haben.

Unabhängig davon, ob wir diese Frage mit Ja oder Nein beantworten, versuchen wir, in uns selbst manipulierendes Verhalten als etwas Menschliches zu verzeihen. Damit verzeihen wir nicht dem Partner und rechtfertigen auch nicht sein Verhalten. Aber vielleicht stimmt es uns milder und schafft die Voraussetzung für eine klärende Auseinandersetzung.

In einem nächsten Schritt können wir überlegen, was das Gegenteil dieser leiderzeugenden Verhaltensweise ist, und formulieren positive Wünsche als Affirmation: »Mögen wir uns immer wieder authentisch und respektvoll begegnen«, oder: »Möge ich meinen Partner in Auseinandersetzungen immer wieder daran erinnern, dass wir einen respektvollen Kontakt miteinander wollen.«

5. Schritt: Die Wirklichkeit annehmen

Der fünfte Schritt im Versöhnungsprozess besteht darin, zu lernen, uns nicht selbst länger im Weg zu stehen, und Verantwortung für die Vergangenheit und Zukunft zu übernehmen. Versöhnung wird eher möglich, wenn wir die Wirklichkeit so annehmen, wie sie ist, und die Situation akzeptieren. Dabei kann uns bewusster werden, dass Leid in unsere Seele gekommen ist, *weil* wir unversöhnt und beharrend geblieben sind. Zentral wird dann die Frage, wie wir selbst nun im Hier und Jetzt mit der Verletzung verantwortlich umgehen. Das ist das Einzige, was wir bewusst und aktiv beeinflussen und gestalten können.

Welche Geschichte erzählen wir uns?

Manchmal wird unser Blick durch das, was unserer Meinung nach sein sollte, verstellt. Indem wir Ja sagen zu dem, was ist, schieben wir den Schleier zur Seite und beginnen, eine neue Seite des Geschehenen oder unserer Situation wahrzunehmen und die entsprechenden Geschichten zu erzählen.

Oft erzählen wir uns selbst unglückliche Geschichten. Glück oder Unglück sind jedoch mehr eine Frage der inneren Haltung, die wir gegenüber früheren Verletzungen heute einnehmen, als eine Frage der äußeren Gegebenheiten. Die Geschichte, die wir uns selbst innerlich erzählen, ist ja nur selten deckungsgleich mit dem, was auf der äußeren Ebene geschehen ist. Sie bildet vielmehr auch das ab, was in unseren Erinnerungen an früheren Beziehungserfahrungen verankert ist. Dies wiederum formt die aktuelle Geschichte. Wir reichern Geschichten, die wir erzählen, mit unseren ganz eigenen Gefühlen und Interpretationen an. Ohne dieses Bewusstsein können wir der Partnerin auch Unrecht antun. Wir können uns aber vergegenwärtigen, dass wir in zwanzig Jahren eine andere Geschichte über die gleiche Situation erzählen werden. Daher ist die Reflexion, ob die Geschichte stimmt und welche aktuelle Wahrheit wir uns – ohne Beschönigung gravierender Verletzungen – erzählen, für die Versöhnung bedeutsam. Auch für uns selbst kann es sehr wichtig sein, nicht an negativen Wahrnehmungen festzuhalten und uns mit destruktiven Geschichten selbst zu schädigen.

Ein Beispiel:

Ulrich ist unversöhnt mit der Tatsache, dass seine Frau Sabine eine Beziehungsauszeit benötigt. In einer Beratung überlegt er, welche Geschichte er sich innerlich erzählen könnte und welche von beiden ihn glücklicher bzw. unglücklicher macht: die Geschichte von einem Mann, der sich verlassen und verraten fühlt, oder von einem Mann, der mit sich selbst gut zurechtkommt und seiner Frau vertraut, dass sie sich den Raum und die Zeit nimmt, die sie für ihre Entwicklung braucht. Er realisiert, dass er sich selbst und anderen auch andere Geschichten über seine Verletzung erzählen kann, die ihm mehr dienen, mit der Situation konstruktiv umzugehen. Dadurch übernimmt er Verantwortung für sich.

Eigene Anteile erkennen und liebevoll annehmen

Die Ereignisse der Vergangenheit können wir nicht mehr ändern. Sie sind zu einem Teil unseres Lebens geworden und haben uns geformt. Auf die Geschichte, die wir über das Erlebte erzählen, auf die Art und Weise, wie wir unsere Wunde versorgen und welche Ressourcen wir dadurch entwickeln konnten – all dies können wir beeinflussen.

Allein durch die Art, wie wir mit den alten Geschichten umgehen, können wir das Erfahrene größer oder kleiner machen als das, was tatsächlich passiert ist. Daher lohnt es sich, die erzählte Geschichte immer wieder einmal zu überprüfen, ob sie auf diese Weise noch wahr ist, und sie eventuell zu verändern.

Eine Möglichkeit dieser Überprüfung besteht darin, den eigenen Anteil am Geschehenen zu reflektieren. Ohne Schuldzuweisung an uns selbst können wir uns fragen, ob wir dazu beigetragen haben, dass die Beziehungskrise entstehen konnte. Das bedarf viel Selbstehrlichkeit. Diese Sichtweise soll keinesfalls das Geschehene entschuldigen, vor allem nicht, wenn es sich um Gewalterfahrungen handelt. Es geht vielmehr um ein achtsames Gewahrwerden, dass auch wir in Liebesbeziehungen dem Partner Schmerz zufügen, den wir uns aus Scham-, Schuld-, Überlegenheits- oder Ohnmachtsgefühlen heraus vielleicht nicht eingestehen. Diesen eigenen Anteil achtsam anzuschauen, lässt uns einen neuen Umgang mit Schuld und Vergeltungswünschen finden. Denn mit Schuldgefühlen können wir uns selbst neu verletzen.

Die folgenden Fragen sollen dabei unterstützen, den eigenen Anteil aufzuspüren. Bei dieser Selbstreflexion ist es förderlich, sich möglichst frei von Abwehr und Selbstverurteilung zu machen.

Selbstreflexion: Eigene Anteile reflektieren

Was habe ich getan oder unterlassen, dass dieser Konflikt passieren konnte? Trage ich eine Mitverantwortung, auch wenn ich nur zu einem sehr kleinen Teil verantwortlich bin? Wo war mein Nein? Was habe ich nicht getan, was ich hätte tun sollen? Wo habe ich mich selbst nicht geschützt? Wo habe ich nicht genug für mich gesprochen? Wo habe ich den anderen oder mich selbst verletzt? Wo habe ich mich selbst verraten? Wo behandle ich mich selbst so, wie ich es dem Partner vorwerfe? Welche Annahmen und Überzeugungen aus meiner eigenen Geschichte trage ich in die Beziehung hinein und präge sie dadurch?

Durch diese Selbstreflexion können wir unseren eigenen Anteil am Konflikt liebevoll anschauen und aus den Opferidentifikationen heraustreten bzw. erkennen, wo wir an Opferrollen festhalten. Denn eine defensive Position trennt uns vom Partner und verkennt, dass auch wir die Macht haben, ihn zu verletzen. Wenn wir es dagegen wagen, Selbstverantwortung zu übernehmen, verliert die alte Geschichte, die davon handelt, dass wir gut sind und der Partner schlecht ist und uns etwas angetan hat, ihre Dominanz. Wir erkennen, dass auch wir uns gut und weniger gut verhalten haben, genauso wie der Partner.

Wichtig bei dieser Selbstreflexion ist, dass wir eine *verzeihende Haltung* gegenüber unseren Eigenanteilen einnehmen. Und wenn wir dann doch in Selbstverurteilungen abrutschen, sollten wir uns auch dies verzeihen. Das Balancieren auf der Grenze von Ehrlichkeit und Selbstanklage braucht große Achtsamkeit. Und es braucht Mut, die Opferrolle loszulassen. Solange wir darin verharren und uns fragen: »Warum ist mir das passiert?«, »Was hätte ich anders machen können?« hindern wir uns an der Einsicht, *dass* es passiert ist – ob es Sinn macht oder nicht. Wir können es nicht ändern. Das Einzige, was wir beeinflussen können, ist das, was wir daraus machen. Eine große Chance zur inneren Versöhnung liegt darin, nachzuspüren, ob und wie wir leidvolle Zustände in uns selbst miterschaffen.

Das Bereuen des eigenen Verhaltens erhält eine andere Bedeutung, wenn es damit verbunden ist, sich die eigenen Fehler liebevoll einzugestehen und sie als Lernerfahrung zu würdigen. Das ermöglicht uns, aufzuhören, nach dem Warum zu fragen, und anzuerkennen, dass unsere Seele vielleicht die beste Weise gewählt hat, mit der Verletzung umzugehen. Manchmal verletzt uns unser Ärger über uns selbst mehr als unser Ärger über den Partner. Diese dahinterliegende Traurigkeit zu spüren, kann uns dabei unterstützen, einen Schritt in Richtung Selbstverantwortung und Selbstfürsorge zu machen und unseren Ärger über uns selbst *heilsam* auszudrücken. Die zentrale Frage ist dann: Wie kann ich mir dafür selbst vergeben?

In diesem Prozess ist es wegweisend, dass wir nicht an der Frage hängenbleiben, was unsere Schuld ist, sondern den Schmerz über die eigene Fehlbarkeit annehmen. Durch diese Annahme können wir einen Teil unseres Egos hinter uns lassen und eine neue Selbstdefinition finden. Die größte Verantwortung, die wir in diesem Versöhnungsprozess haben, ist die Selbstvergebung.

Verantwortung für sich selbst übernehmen

Wenn es uns nicht möglich ist, die Wirklichkeit so anzunehmen, wie sie ist, können wir dadurch äußeres Leid verstärken. Leid und Unglück entstehen oft dort, wo wir trotz Widerständen unserer Partnerin an dem Wunsch festhalten, sie solle anders sein. Aber führt die Erfüllung unserer Wünsche durch die Partnerin wirklich zum Glück? Oder bleiben wir da in einem Missverständnis gefangen? Wunschbilder verstricken uns meist in leidvolle Gedanken und führen zu Strategien, die oft wenig Aussicht auf Erfolg haben. Damit schneiden wir uns vom Fluss des Lebens ab. Wir bleiben an unrealistischen Erwartungen und alten Wünschen hängen. Wir bäumen uns verzweifelt auf und kämpfen hoffnungslose Kämpfe. Auf diese Art verpassen wir einen Teil unseres Lebens, nehmen uns die Chance auf Weiterentwicklung und büßen unsere Lebendigkeit ein. Die Realität ist meist, dass sich die von uns so ersehnten und als berechtigt erlebten Wünsche an den Partner oft in ein qualvolles Verlangen wandeln.

Das Loslassen der Veränderungswünsche, das von uns in diesen Situationen gefordert wird, können wir aber nicht einfach »machen«. Es ist vielmehr ein Prozess, der uns mal mehr, mal weniger gelingt. Zugleich kann es eine große Befreiung bedeuten, den inneren Widerstand fallen zu lassen und Ja zu sagen zu unserem Leben. Wenn wir aufhören, uns gegen das zu wehren, was ist, beginnen wir auch, Ja zum Leben zu sagen. Es ist ein vielfältiges Ja: Ein Ja zu dem, was ist, auch wenn es anders ist als das, was wir wollen, ein Ja, zu dem was war, ein Ja zu den eigenen vergangenen Entscheidungen, ein Ja zu erfüllten und unerfüllten Wünschen und letztlich zum Lauf des eigenen Lebens. So bedeutsam es ist, Grenzen zu setzen und Nein zu sagen, so ist es genauso wichtig, Ja zu sagen zum Leben, zum Unbekannten, zum Schmerz, zur Freude. Damit übernehmen wir Verantwortung für uns selbst und unser Leben, statt den Partner dafür verantwortlich zu machen. Unsere Liebe kommt darin zum Ausdruck, dass wir das Festhalten unserer Wünsche an den Partner überwinden und akzeptieren: Er geht den Weg, den er gehen muss. Sich zu versöhnen bedeutet in diesem Sinne zuerst, sich selbst und dem Leben zu verzeihen – auch und gerade dort, wo es von uns das Loslassen von Wünschen und Erwartungen fordert.

Schauen wir uns zunächst an, wie die Entwicklung von Lukas und Miriam weiterging: Lukas erzählt:

»Obwohl wir wieder zu unserer Liebe zurückgefunden hatten, gab es zugleich bei mir immer dieses zweifelnde ›Aber‹. Das war für Miriam schwer auszuhalten.

Also nahm ich zum ersten Mal psychologische Hilfe in Anspruch. In der zentralen Therapiephase konnte ich meine Verstrickungen in meine problematische Kindheit erkennen: Das ungeliebte und geschlagene Kind, für das es keinen Platz gab und das nicht so sein durfte, wie es sein wollte. Das war bedrückend, dramatisch und auch erhellend. Ich begann, mich besser zu verstehen, meine Muster zu erkennen. Im Zentrum dabei stand der Aspekt, dass ich selbst verantwortlich bin für mein Glück, dass ich für mich selbst sorgen muss, es niemanden anderen gibt, der diese Lücke meiner Kindheit schließen kann: Was für eine Wende! Die alten Wunden sind da, die damit verbundenen Bedürfnisse ebenso, und gleichzeitig lerne ich, damit umzugehen. Nach und nach schraube ich meine Erwartungshaltung an Miriam zurück, übernehme selbst Verantwortung und frage mich: ›Was kann ich tun, damit es mir gut geht?‹ Für die Lösung dieser Frage hatte ich immer Ideen. Diese Verortung bei mir selbst wirkte unglaublich befreiend und war der Durchbruch in unserer Beziehung. Es war wie ein Wunder, mit mir selbst in Berührung zu kommen. Heute weiß ich: Es war gar nicht so, dass Miriam mich einschränkte – ich selbst sprach mir Gebote und Verbote aus, etwas zu tun oder zu lassen. Durch weitere therapeutische Begleitung konnte ich meine Kraft nutzen, mich aus der Verklammerung und Symbiose mit Miriam zu lösen. Mittlerweile habe ich gelernt, mir den Raum zu geben, den ich für meine Entwicklung und mein Wohlbefinden brauche.

Ich genieße es, mein Leben zu führen – mit Miriam zusammen. Es ist ganz anders als früher. Zwar geht es auch heute nicht ohne Probleme, denn die alten Muster schwingen immer mit. Ich schaffe es jedoch immer häufiger und besser, diese Muster in der Konfliktsituation zu erkennen und sie Miriam mitzuteilen. Ich merke, oft geht es nicht um uns beide, sondern nur um die Verstrickung mit mir selbst. Das ändert viel! Denn jetzt geht es im Konflikt um persönliches Wachstum und nicht mehr darum, den anderen ändern zu wollen. So ist die Paarbeziehung für mich im eigentlichen Sinne eine Form der Selbstentwicklung geworden.

Unsere Beziehung war aus meiner Sicht noch nie so gut wie zurzeit, nach über 30 Jahren Ehe. Auch unsere Sexualität blüht in einem Maße auf, wie ich mir das nie hätte vorstellen können. Es ist jetzt möglich, meine Bedürfnisse zu artikulieren, ohne Angst, Miriam damit zu bedrohen, weil ich gleichzeitig nicht erwarte, dass sie diese Bedürfnisse sofort oder überhaupt erfüllen will. Es kommt zum Dialog über Bedürfnisse. Diese Art der Begegnung ist für mich Liebe! Das zweifelnde ›Aber‹ ist weg und ich kann mich voll für Miriam entscheiden, weil ich immer sicherer auf meinen eigenen Füßen stehe. Seit ich selbst für mein Wohlbefinden sorge, werde ich von Miriam mit einer neuen Art der Zuwendung beschenkt, die mir das Gefühl gibt: Ich bin von ihr geliebt.«

Das Beispiel zeigt, wie Lukas die Verantwortung für seinen eigenen Anteil an der Verletzung angenommen hat. Es ist ihm möglich geworden, eine neue Sichtweise, eine neue Geschichte zu finden und für sich selbst zu sorgen.

Übungen und Rituale

Wenn wir die Wirklichkeit annehmen, wird unser Blick auf die Beziehung realistischer. Das ermöglicht, uns von idealisierten Bildern zu trennen. Nicht jede Wunschvorstellung konnte erfüllt werden, einiges wird vermisst oder es wird ernüchtert erkannt, dass wir in die Partnerin etwas hineingesehen haben, was sie nicht ist. Die folgende Übung unterstützt, gemeinsam rituell Abschied von Idealbildern zu nehmen.

Übung: Abschied von idealisierten Bildern[44]

Schreiben Sie auf einzelne Kärtchen je eine der Eigenschaften, die Sie an Ihrem Partner anfangs liebten, die Sie faszinierten.

Was wurde daraus? Wie haben sich die Anfangsbilder verändert? Gibt es etwas, das Sie vermissen? Was waren Idealisierungen? Können Sie einige Bilder loslassen? Welche nicht? Können Sie als Frau z.B. die Idee aufgeben, dass Ihr Partner immer der starke Mann an Ihrer Seite sein muss? Oder Sie als Mann die Vorstellung, dass Ihre Partnerin Sie immer liebevoll umsorgt und Ihnen jeden Wunsch von den Augen abliest?

Um die alten Bilder loszulassen, können Sie diese zur Seite legen oder verbrennen. Es kann sein, dass Sie einige Bilder noch eine Weile behalten wollen. Unterscheiden Sie, was erfüllbare und unerfüllbare eigene Wünsche an den Partner sind.

Viel Zeit und ungestörte Aufmerksamkeit sind wichtige Voraussetzungen für diese Übung.

Betrachten wir noch weitere Möglichkeiten, um die Partnerin von unerfüllt gebliebenen Erwartungen zu befreien. In einem Ritual etwa kann ausgedrückt werden, welche Bilder noch nicht losgelassen werden können und was eigene Wünsche sind, die der andere nicht einlösen kann. Rituell können dafür Steine ins Wasser geworfen, Stöcke zerbrochen werden, ein Floß gebaut werden, mit dem symbolisch die alten, überholten Bilder dem Fluss übergeben werden.

Anschließend können Sie nachspüren, für was durch den Abschied von den alten Bildern der Raum frei geworden ist. Das erneuert die Bindung zur Partnerin.

Sie können auch gemeinsam oder alleine für sich rituell über eine Schwelle gehen, um auszudrücken, dass Sie sich von alten Bildern und Mustern verabschieden und symbolisch in eine neue Sicht der Beziehung und der Partnerin eintreten. Dazu können Sie bereits vorhandene Schwellen wählen, wie einen Bachlauf in der Natur oder einen Torbogen. Eine Schwelle können Sie im Raum auch mit Tüchern oder Symbolen legen. Bevor Sie die Schwelle übertreten, blicken Sie symbolisch zurück auf die alte Geschichte, die Sie sich erzählt haben. Wenn Sie bereit sind, diese hinter sich zu lassen, treten Sie bewusst über die Schwelle im Wissen, jetzt das Alte hinter sich zu lassen und Ja zu dem zu sagen, was ist und was kommen mag. Die Kraft dieses Rituals kann stärker werden, wenn Sie z. B. einen symbolischen Ort für das Vergangene suchen. Für Ihre neue Haltung oder Geschichte können Sie einen persönlichen Kraftsatz wählen, der anerkennt, was ist und was war.

Die folgenden Fragen ermöglichen einen Perspektivwechsel, um die Wirklichkeit besser annehmen zu können.

Übung zum Perspektivwechsel:

- So schwer es war: Was habe ich daraus gelernt?
- Was würde ich heute anders machen?
- Mal aus einer glücklichen Zukunft heraus betrachtet: Wie werde ich über die Situation, mich, den anderen denken, wenn ich 70 Jahre alt bin?
- Wenn ich einmal unterstelle, dass es gute Absichten hinter dem für mich schwierigen Verhalten gibt: Was könnte diese gute Absicht sein?
- Was schätzen unsere Freunde bzw. Kinder an meinem Partner?
- Was kann ich in schwierigen Situationen mit meiner Partnerin üben? Was kann ich lernen? Wozu fordert mich meine Partnerin / die Verletzung heraus?
- Was funktioniert dennoch leicht und gut in unserer Beziehung und im Umgang mit unseren Verletzungen?

- Welche hilfreichen Strategien habe ich gelernt, um mit Verletzungen wie dieser umzugehen?
- Wie unterstütze, fördere, liebe, tröste, ermutige ich mich / meinen Partner?

Die folgende Imagination kann im Alltag eingesetzt werden, wenn wir uns wieder einmal verletzt fühlen und in vorwurfsvolle Gedankenspiralen geraten. Denn aufgrund einer eigenen Verletzung versuchen wir, mit Vorwürfen beim anderen, der uns so unerreichbar und unberührbar vorkommt, Emotionen zu wecken. Die Imagination hilft, das innere Gewitter zu entladen, bevor es den Partner mit unbedachten Worten aus dem Affekt heraus trifft.

Imagination – Gefühle und Vorwürfe differenzieren[45]

Stellen Sie sich vor Ihrem inneren Auge vier symbolische Orte vor. Der erste Ort ist ein Altar, der für den heiligen Aspekt Ihrer Gefühle steht. Als zweiten Ort imaginieren Sie einen Komposthaufen, der Sie daran erinnert, dass alles Lebendige nie so bleibt, wie es war, und dass das, was uns als Abfall erscheint, sich zu fruchtbarer Erde verwandeln kann. Mit dem Spiegel als drittem imaginiertem Ort wird symbolisiert, dass Sie bei sich selbst hinschauen, Ihre eigenen Anteile wahrnehmen, die äußere Situation als Spiegel für Projektionen reflektieren. Der letzte vorgestellte Ort sind die Ohren der Partnerin.

Wann immer eine verletzende, unversöhnte Situation in Ihrem Alltag passiert und Sie ärgerlich und verletzt reagieren, können Sie sich für einen Moment zurückziehen. Gehen Sie in die Imagination, indem Sie Ihre Augen schließen und ein paar tiefe Atemzüge nehmen. Versuchen Sie zu unterscheiden, wo die Situation hingehört: auf den Altar, auf den Kompost, in den Spiegel oder in die Ohren der Partnerin. Wenn Sie in der Stille den stimmigen Ort gefunden haben, richten Sie dann in Ihrer Vorstellung Ihre Gefühle symbolisch auf diesen Ort und legen Sie sie dort symbolisch ab. Sollten die Ohren der Partnerin gemeint sein, spüren Sie nach, was davon Sie Ihrer Partnerin ganz real sagen möchten.

Die nächste Übung kann spielerisch eingesetzt werden, um Missverständnissen vorzubeugen, bevor wir auf etwas reagieren, das nur in unserem Kopf existiert, vom anderen aber so nie gemeint war.

Spielerische Übung: Was kommt bei mir an?

Im Konflikt kommt es sehr häufig zu Missverständnissen. Das, was der eine hört, hat der andere aus seiner Sicht gar nicht so gemeint oder gesagt. Die andere besteht aber darauf, dass es genauso war.

Spielen Sie damit: Gehen Sie spazieren und sprechen Sie bewusst über ein kontroverses Thema. Jeweils nach ca. drei Sätzen wiederholen Sie in eigenen Worten, was Sie vom Partner verstanden haben. In der Regel kommt dann: »Nein, das habe ich so nicht gesagt.«

Ein erster Schritt wäre hier: Selbstverantwortung übernehmen: »Ah, ich habe es noch nicht so ausgedrückt, dass es bei dir so ankommt, wie ich es gemeint habe.«

Ein anderer Schritt wäre: »Ah, das also kommt bei dir an. Das ist ja interessant. Wie kommt es, dass es so bei dir ankommt?« Welche eigenen Prägungen, ungelöste Verletzungen formen die Art des Zuhörens? Was lerne ich daraus?

Spielen Sie damit. Wertfrei, liebevoll, wie Kinder, die gemeinsam etwas Neues im Land der Beziehungsseele entdecken dürfen.

6. Schritt: Mit dem anderen mitfühlen

Wenn wir Ja sagen zur Wirklichkeit, Verantwortung für unseren Anteil im Konflikt übernehmen und neue Sichtweisen auf alte Verletzungen gefunden haben, dann öffnet das unser Herz und wir werden fähig, mit dem Partner mitzufühlen. Das Mitgefühl für die Lebensrealität des Partners ist ein wichtiger Schlüssel zur Versöhnung.

Zu lernen, den anderen in seiner Ganzheit zu sehen, das Herz des Partners, der selbst vielleicht nicht gelernt hat, zu spüren oder Gefühle zu zeigen, in seiner Verletzlichkeit zu spüren, kann uns tief damit versöhnen, dass wir alle nur Menschen sind und dass Fehler und Schwächen zu unserem Menschsein dazugehören. Wir blicken auf die Partnerin jenseits der Frage, wer schuld ist. Die Haltung ist: »Du bist wie ich ein menschliches Wesen, das Fehler macht, und allein deswegen verdienst du mein Mitgefühl. Wenn du das tust, was du getan hast, spiegelst du mir, dass auch ich es hätte tun können – weil auch ich menschlich bin.« Die innere Quelle von Wohlwollen und Güte speist sich aus dem Wissen, dass kein Mensch perfekt ist.

Mitgefühl bedeutet, Leid zu erkennen und wahrzunehmen. Wenn wir mitfühlen, setzen wir an die Stelle von Verurteilungen Verständnis für die Situation unserer Partnerin. Wurden wir verletzt, dann ist unsere übliche Tendenz, die Partnerin zu verurteilen, denn es ist einfacher, die Quelle von Negativem im Gegenüber zu sehen als in uns selbst. Dann wollen wir Besitz ergreifen, machen Vorwürfe, wollen Recht haben, stellen Forderungen, urteilen. Werden unsere Bedürfnisse nicht mehr befriedigt, wechseln wir von Liebe zu Angriff und Entwertung.

Statt dieser Reaktionen könnten wir uns fragen: Wie ging es meiner Partnerin, als ich sie angegriffen habe? Was ist die ganze Geschichte ihres Lebens? Wie wurde sie in ihrem Leben verletzt? In welcher Stresssituation war meine Partnerin an diesem Tag gewesen?

Wenn wir uns tief auf die mitfühlende Haltung einlassen, stellt sich uns auch folgende Frage: Wenn die Verhaltensweisen meines Partners schlecht waren – ist dann die ganze Person schlecht?

Im Wissen darum, dass auch wir selbst Verhaltensweisen an den

Tag gelegt haben, die nicht in Ordnung waren, richten wir unseren mitfühlenden Blick auf das Gewordensein des anderen. Wir sehen ihn in seiner Prägung, seinen Fehlern, seiner Not, genau so zu handeln, wie er es getan hat. Vielleicht können wir sehen, dass der Partner anders gehandelt hätte, wenn er vom Leben anders geprägt worden wäre. Eine solche mitfühlende Sicht ermöglicht uns, den Partner nach einer verletzenden Situation in seiner Menschlichkeit anzuerkennen: »Ich verstehe, sehe, fühle, dass auch mein Partner Leid erlebt und von leiderzeugenden Verhaltensmustern geprägt ist.«

Mitgefühl bedeutet nicht, dass wir sofort neu vertrauen oder mit dem, was passiert ist, einverstanden sind. Mitgefühl heißt auch nicht, dass ich Verantwortung für die Geschichte übernehme, die der Partner daraus macht. Mitgefühl ermöglicht uns vielmehr, Vergebung und Frieden zu stärken, statt eine Spirale von Rache und Gewalt in Gang zu setzen. Es ermöglicht, den Menschen, den wir von Herzen lieben, auch dann in seiner Ganzheit wahrzunehmen, wenn er uns verletzt hat.

Reflexionsübung zum Mitgefühl mit dem Partner, der Partnerin

- Wo fällt es mir leicht, mit meiner Partnerin mitzufühlen? Wo sehe und fühle ich ihr Leid?
- Welche Hypothesen habe ich darüber, wie alte Verwundungen meinen Partner bis heute prägen?
- Was brauche ich, um die Haltung des Mitgefühls einnehmen zu können?
- Reflektieren Sie für sich: Was tut mir wirklich leid in unserer Partnerschaft?

Wenn es uns schwerfällt, Mitgefühl für die Partnerin zu empfinden, können wir uns fragen: »Habe ich selbst schon einmal so gehandelt, wie meine Partnerin es jetzt tut, und hat jemand anderes damit ähnliche Schwierigkeiten gehabt, wie ich sie jetzt habe?« Wenn ich mich z. B. darüber beklage, dass die Partnerin nicht genug zu mir hält, kann ich mich fragen: »Gibt es jemanden in meinem Leben, der mir diesen Vorwurf auch schon gemacht hat? Und kann ich meine

Beweggründe für mein Handeln von damals heute noch nachvollziehen? Kann ich mich im Nachhinein verstehen und Mitgefühl mit mir, so wie ich damals war, empfinden? Kann ich dasselbe Mitgefühl für meine Partnerin haben?« Mitgefühl kann auch schmerzen, wenn es uns mit unserer eigenen verurteilenden Haltung konfrontiert. Wir können diesem Schmerz mit Angst oder mit Selbstmitgefühl begegnen. Wenn wir uns auf diesen Schmerz einlassen und wir ihm nicht ausweichen, kann er uns demütig machen, d. h. menschlicher werden lassen, wie Anselm Grün erklärt: »Demut ist der Mut, sich der eigenen Menschlichkeit und Erdhaftigkeit zu stellen. [...] Wer um seine eigenen Abgründe weiß, der wird sich nie über andere stellen. Er wird sie nicht verurteilen, ja er wird ihr Verhalten überhaupt nicht werten. Er versucht, mit den anderen umzugehen wie mit sich selbst. [...] Die Demut als der Mut, sich seiner eigenen Menschlichkeit zu stellen, führt zu Ehrfurcht und Freundlichkeit den Menschen gegenüber.«[46]

Beispiel: Mit Mitgefühl und Barmherzigkeit zuhören

Nach zehn Jahren Beziehung beschließen Alex und Katrin zu heiraten. Obwohl ihre Liebe zueinander von beiden als sehr tief empfunden wird, haben sie sich sexuell auseinandergelebt. Verschiedene alte Verletzungen und neuere schwierige Erfahrungen im Bereich der Sexualität haben mehr und mehr dazu geführt, dass ihre Sexualität sich auf flüchtige Küsse und Umarmungen beschränkt. Beide haben einander versprochen, gemeinsam nach neuen Wegen der Intimität und körperlichen Wiederannäherung zu suchen.

Vier Wochen vor ihrer Hochzeit offenbart Alex Katrin, dass er sich hin und wieder im Internet Pornos anschaue, die seine Lust befriedigen. Katrin ist schockiert, verurteilt dieses Verhalten moralisch, empfindet ihren intimen Raum als verraten. Nach mehreren heftigen Auseinandersetzungen verspricht er ihr, sein Verhalten zu ändern und wünscht sich von ihr Verständnis und weniger moralische Bewertung.

In der Paarberatung wird vereinbart, dass Katrin einmal mit offenem Ohr und Herzen ganz neu hinhört, was für Alex die Befriedigung über die pornographischen Bilder im Internet bedeutet. Sie nimmt sich vor, beim Zuhören keine moralische Bewertung vorzunehmen und stattdessen zu versuchen, mit Mitgefühl seine dahinterliegenden Beweggründe zu verstehen. Sie hat jederzeit die Möglichkeit, stopp zu sagen oder eine Frage zu stellen. Alex vertraut auf Katrins neue Haltung und öffnet sich erneut.

Er erzählt, dass er sich so sehr den Raum von Intimität mit ihr wünscht, von Nacktheit, körperlicher Wärme und Nähe. Genau dies macht für ihn den ästhetischen Wert des Anblicks nackter Menschen aus. Er betont, dass für ihn Lust etwas Faszinierendes ist, weil Sexualität in seiner Kindheit streng tabuisiert war. In der Beziehung würde er seine sexuellen Bedürfnisse aus Rücksicht auf sie stark zurückhalten. Er wolle dadurch Druckausübung und Bedürftigkeit in der Beziehung vermeiden. Die Internetbilder dienten ihm als Raum, seine Sehnsucht nach Intimität zum Ausdruck zu bringen. Zugleich spüre er selber, dass es eine vorgetäuschte, unechte Intimität ist, die sich leer anfühlt. Er selbst lehne die Industrie der Pornographie ab und empfinde große Scham beim Ansehen der Bilder. Diese verstärkten aber die Faszination, weil er etwas lebt, das er sich selbst verbietet, und er so die Tabus seiner Kindheit brechen kann.

Bis zu diesem Punkt gelingt es Katrin sehr gut, mitfühlend und offen zuzuhören. Als er jedoch sagt, dass er trotz seines Versprechens nicht ausschließen kann, dass es wieder passiert, reagiert sie erneut sehr irritiert. Er erwidert, dass es für ihn ein Bereich sei, den er selbst als nicht hundertprozentig kontrollierbar empfindet und dass dies keine vorauseilende Entschuldigung sei. Er wolle einfach ehrlich zu ihr und zu sich selbst sein. Im Ringen darum, verstanden zu werden, formuliert er:»Ich bin ein Mensch, der viel Barmherzigkeit braucht.«

An dieser Stelle kann Katrin ihr Herz weit öffnen und großes Verständnis für Alex empfinden. Verbunden mit der Qualität des Mitgefühls und der Barmherzigkeit kann sie sich an dieser Stelle mit ihm und dem für sie schwierigen Verhalten tiefer versöhnen. Alex erkennt sein tiefes Bedürfnis, sich als Mann willkommen fühlen zu können.

Auch wenn wir Menschen alle sexuell verschieden sind, leiden viele von uns irgendwann in unserem Leben an den gesellschaftlich-sozialen Konventionen in Bezug auf Sexualität. Wenn wir uns dies vergegenwärtigen, kann unser Mitgefühl für nicht gesellschaftlich konformes sexuelles Verhalten wachsen.

Die nachfolgende Übung ist inspiriert von einem Sprichwort, wonach wir erst dann über einen Menschen urteilen können, wenn wir tausend Meilen in seinen Mokassins gelaufen sind und die Welt durch seine Augen gesehen haben.

Übung: In deinen Mokassins laufen

Gehen Sie für einige Stunden alleine rituell in die Natur. Erinnern Sie sich in einem ersten Schritt an Ihre starken Gefühle, die Sie aufgrund einer Verletzung durch Ihren Partner hatten. Erinnern Sie sich auch an Ihr »Nein« und Ihre Abgrenzung.

Rufen Sie dann innerlich Ihren Partner an Ihre Seite und fragen Sie ihn, ob er bereit ist, Sie auf eine Reise durch seine Seelenlandschaften zu führen. Stellen Sie sich vor, Sie seien Ihr Partner, und laufen Sie symbolisch in seinen Mokassins. Sehen Sie die Welt durch seine Augen. Tun Sie, was er täte, empfinden Sie, was er empfinden würde. Fühlen Sie seine Wunden, ohne etwas an seinem Verhalten gutheißen zu müssen. Wie fühlt es sich an, in seiner Welt zu leben? Lassen Sie sich lehren über sein Leben.

Dann ziehen Sie wieder die Mokassins Ihres Partners aus, werden wieder zu sich selbst, lassen Ihren imaginierten Partner zurück und folgen wieder Ihrem eigenen Weg. Spüren Sie dabei folgender Frage nach: Was hat meinen Partner dazu gebracht, Dinge zu tun, die mich verletzen? Lassen Sie sich dabei von Symbolen in der Natur inspirieren. Es könnte z. B. sein, dass Ihr Blick auf eine Eiche fällt, die auf Brusthöhe Stacheldraht in sich eingewachsen hat. Vielleicht erinnert die Eiche mit ihrer Kraft und Größe Sie an die starken und liebenswerten Seiten Ihres Partners und der Stacheldraht an eine prägende leidvolle Erfahrung, die Ihr Partner früh in seinem Leben machen musste und ihn »auf Brusthöhe«, also im Herzen, verletzt hat. Vielleicht sind Sie berührt von dem Schmerz, den Ihr Partner dabei erlitten hat und immer noch in sich trägt, auch wenn es ihm, wie dem Baum, nur kaum anzumerken ist, da er trotz dieser Verwundung kraftvoll weitergewachsen ist.

Eine Variation der Übung ist, sich im Alltag für einen halben Tag oder auch nur für eine Stunde einmal vorzustellen, in die Mokassins des Partners zu schlüpfen und wahrzunehmen, wie er den Alltag erlebt.

Das nachfolgende Beispiel zeigt, wie die Übung Mitgefühl mit dem Partner bewirken kann.

Doris litt immer wieder zutiefst unter den für sie aggressiven Äußerungen ihres Mannes Simon. Zu Beginn der Übung erinnert sie sich an seine letzten verletzenden Sätze. In der Vorstellung schlüpft sie symbolisch in die Mokassins von Simon und geht in die Natur. Mit seinen Augen sieht sie plötzlich einen Birnbaum mit drei Hauptästen und einem vierten dicken, abgeschnittenen Ast. Ihr kommt seine Stimme wieder in den Sinn, wie sie erzählt, dass seine Mutter sehr früh gestorben war, was für ihn so gewesen war, als ob der vierköpfigen Familie ein Mitglied, ein Ast, fehlen würde, und wie darüber in seiner Familie geschwiegen wurde. Sie fühlt diesen Schmerz so, als wäre sie Simon, und hört erneut, wie er sagt, dass er einer Generation angehöre, in der man nicht über die wahren, tiefen Gefühle sprechen konnte. Sie spürt den großen Druck der Trauer einerseits und der Sprachlosigkeit andererseits.

Als sie in Simons Mokassins weitergeht, kommt sie an eine Wiese mit vielen Heilkräutern und einer großen Trauerweide. Wie Simon es auch tun würde, ruht sie sich im Schatten der Weide aus. Sie fühlt die Müdigkeit, die Trauer, aber auch Simons Selbstfürsorge, sich auszuruhen. Während sie dort liegt und in die Weide schaut, deren Zweige sanft im Wind wehen, spürt sie als Simon, dass es auch ihm leidtut, dass er sie immer wieder bekämpft und gekränkt hat. Und wie sehr er sich wünscht, dass sie gnädig mit seinen aufbrausenden Seiten ist und ihm verzeihen kann. Es ist, als ob die Sanftheit der Weide sie auch an den sanften Kern von Simon erinnert, den sie auch kennt. Angesichts der Trauerweide fühlt sie auch die stille, innere Trauer von Simon.

Dieses Beispiel zeigt, dass wir durch unser Mitgefühl mit dem Partner versöhnliche Erfahrungen auch ohne dessen reale Anwesenheit und ohne Entschuldigung und Verzeihen erleben können. Das tiefe Verständnis für die Beweggründe und Motive des Partners stellt das verletzende Verhalten des anderen in ein völlig neues Licht. Wir brauchen es dadurch auch nicht mehr auf uns und unsere eigene Unzulänglichkeit beziehen. Das Beispiel hätte auch so aussehen können, dass Simon gelernt hatte, lieber auszurasten und sich abzugrenzen, statt Schmerz zu fühlen. Die Wut könnte für ihn ein Hilfsmittel sein, um eigene Verlassenheits- und Ohnmachtsgefühle angesichts des frühen Todes der Mutter zu überwinden.

Je tiefer wir die Hintergründe des Partners verstehen, desto gelassener und versöhnlicher können wir auch mit seinen Verhaltensweisen umgehen, die für uns nicht einfach sind. Um tiefer mit dem Partner mitzufühlen, können Sie hier die Übung aus Kapitel drei wiederholen, in der es darum geht, den Schmerz zu fühlen, den auch wir dem Partner zugefügt haben. Wie wir gesehen haben, stehen unserem Mitgefühl oft unsere Wertungen und Urteile im Weg. Diese sind auch kollektiv mitbedingt. In uns gibt es einen tiefen Schmerz über Krieg, Gewalt und Aggression. Hier empfinden Männer und Frauen denselben Schmerz. Zugleich gibt es aber auch – kulturell mitgeprägte – negative Sichtweisen über das andere Geschlecht, die wir in unsere persönliche Partnerschaft mehr oder weniger bewusst hineintragen.

Sie können sich Ihre eigenen (Vor-)Urteile über Männer bzw. Frauen bewusst machen und üben, Ihren Partner bzw. Ihre Partnerin jenseits von diesen Urteilen zu sehen. Denn diese Urteile verletzen. Vergegenwärtigen Sie sich schriftlich Ihre Urteile und Wertungen über das andere Geschlecht. Beginnen Sie Ihre Sätze mit »Männer sind …« bzw. »Frauen sind …«. Bleiben Sie aber nicht bei den Vorurteilen und vergessen Sie nicht die Freude, die Sie mit Männern bzw. Frauen hatten. Vielleicht kommen Ihnen dazu auch Bilder aus Ihrem Leben, die die kollektiven Prägungen, denen wir unterliegen, verdeutlichen.[47]

Schauen Sie auf Ihre (Vor-)Urteile mit Verständnis und Selbstmitgefühl und prüfen Sie, ob Sie bereit sind, Ihre eigene Geschichte mit Männern bzw. mit Frauen liebevoll anzunehmen und zu umarmen. Hinter die Urteile zu sehen heißt, diesen Mann bzw. diese Frau auch in seinem/ihrem geschichtlichen Gewordensein zu sehen und die Essenz der männlichen bzw. weiblichen Kraft dahinter, die frei von den kollektiven Überformungen ist, wahrzunehmen. Manchmal geht es auch darum, sich mit dem Männlichen in sich als Frau zu versöhnen bzw. sich mit dem Weiblichen in sich als Mann zu versöhnen. Vor diesen Urteilen können Sie sich noch einmal innerlich verneigen und sie in ihrer verschriftlichten Form dann, falls Sie sich von ihnen lösen möchten, verbrennen oder zerreißen.

Beobachten Sie anschließend, welchen Einfluss es auf Ihre Beziehung hat, wenn Sie jetzt nicht nur die negativen Seiten des Partners mitfühlend ansehen, wie dies oben beschrieben wurde, sondern wenn Sie auch Ihre eigenen Urteile umarmen. Erlauben Sie sich, auch Ihre dunklen Anteile und die verschatteten Seiten der Liebe anzuschauen. Wenn Sie liebevoll und mitfühlend auf Ihre eigenen Schwächen schauen – was bedeutet das für Ihr Leben? Wenn Sie Ihre Urteile über den anderen ebenso annehmen und umarmen wie die Erkenntnis, dass Sie das Abgelehnte oder Vermisste mehr oder weniger auch in sich selbst tragen, zulassen: Welche Stärke erwächst für Sie daraus? In welchen Bereichen Ihrer Beziehung möchten Sie diese Erkenntnis leben?

Diese Selbstreflexion ist angelehnt an eine Tradition aus der Kultur der Mapuches, einem indigenen Volk Südamerikas, nach der ein Paar, bevor es heiratet, tagelang über die dunklen Schattenseiten und instinkthaften Erlebnisse spricht und nach Wegen sucht, sich mit diesen dunklen Seiten zu umarmen.

Die nachfolgenden Übungen können das Mitgefühl mit dem Partner, mit der Partnerin vertiefen.

Übung: Mannsein, Frausein

Tauschen Sie sich gegenseitig zu folgenden Fragen aus:
Was bedeutet es, als Mann in der Welt zu sein? Was bedeutet es, als Frau in der Welt zu sein? Wie zeige ich als Mann, als Frau meine Liebe zum Leben und in der Beziehung? Was von unseren persönlichen Konflikten ist kollektiv mitgeprägt?

Übung: Ich sehe dich

Die Übung findet schweigend statt. Setzen Sie sich gegenüber und schauen Sie sich lange in die Augen. Denken Sie an etwas, das Sie verletzt hat. Sehen Sie durch all die Nebel und Schleier hindurch, während Sie Ihren Partner anschauen, so als würden Sie Zwiebelschalen nach und nach abblättern, um immer mehr zur Essenz, zum Kern und zum Glanz des anderen hindurchzudringen. Betrachten Sie Ihren Partner so lange, bis Sie merken, dass Sie weicher werden, und ihn in seiner Ganzheit sehen.

Imagination: Ich fühle mit dir

Stellen Sie sich vor, Sie könnten Ihre Partnerin bedingungslos verstehen. Sie würden alle ihre Stärken und Schwächen liebevoll ansehen, ohne davon in irgendeiner Weise betroffen zu sein. Sie kennen die Grenzen von uns Menschen. Sie sehen mit großer Weisheit die Lebensgeschichte Ihrer Partnerin, die vielen Geschehnisse, die sie in ihrem Leben genau zu dem gemacht hat, was sie ist. Die besonderen Eigenheiten und vielleicht verletzenden Seiten und Unzulänglichkeiten Ihrer Partnerin haben mit so vielen Aspekten zu tun, die sie sich selbst nicht ausgesucht hat oder ausgesucht hätte. Nun stellen Sie sich vor, Sie wären Ihre Partnerin: Was würden Sie sich aus dieser Perspektive in der Beziehung wünschen?

Wenn Sie sich all das vergegenwärtigt haben: Vergeben Sie Ihrer Partnerin, so gut Ihnen das möglich ist.

Ritual: Ich habe vergessen, dir zu erzählen, was gut an dir ist ...

Nehmen Sie sich mindestens einmal, besser dreimal in der Woche mindestens eine halbe Stunde Zeit. Gestalten Sie einen ansprechenden Raum, z. B. indem Sie eine Kerze anzünden, leise sanfte Musik hören, gemeinsam baden, ein Foto aus der Anfangszeit Ihrer Beziehung oder ein Symbol Ihrer Liebe zwischen sich legen.

Sprechen Sie mit einem Redegegenstand. Erzählen Sie sich gegenseitig, was Sie am anderen alles gut finden, wertschätzen, würdigen, was Sie von ihm verstehen, was Sie berührt oder beeindruckt hat. Erinnern Sie sich auch gegenseitig an Ihre Ressourcen und Gaben und an die Schätze, die aus der Heilung früherer Wunden entsprungen sind. Denken Sie an liebevolle Gewohnheiten, positive Persönlichkeitsmerkmale, Vorzüge, Dinge, die Ihr Partner Ihnen im Alltag abnimmt. Beginnen Sie die Sätze mit: »Ich habe vergessen, dir zu erzählen, was gut an dir ist / wie gut du bist ...«. Achten Sie darauf, dass Sie wirklich ausschließlich Wertschätzendes benennen.

7. Schritt: Aufeinander zugehen

Das Wesentliche dieses Schrittes besteht darin, Wege zu finden, um wieder aufeinander zuzugehen. Dies kann darin bestehen, dass wir den anderen achtsam und mutig zugleich konfrontieren, neue Wege der Wiedergutmachung und des Ausgleichs finden und lernen, klarer zu kommunizieren.

Mut zur achtsamen Konfrontation

Achtsame Konfrontation meint, zu sich selbst zu stehen und die eigene Authentizität nicht zu verleugnen. Statt die Erwartungen anderer zu erfüllen, wird die eigene Integrität in den Fokus gestellt. Aus Angst vor negativen Konsequenzen oder davor, andere zu verletzen, halten wir oft unsere eigene Sichtweise zurück oder verpacken sie so diplomatisch, dass unsere Botschaft verdreht oder überhaupt nicht ankommt. Achtsame Konfrontation bezieht den Partner mit ein und lässt ihn teilhaben an der Wahrheit der eigenen Erinnerungen von Verletzungen. In einer Sprache jenseits von Schuldzuweisungen wird das Schweigen gebrochen, vor allem wenn es um Tabuthemen geht. Dann kann es bedeutsam werden, noch einmal auszusprechen, was nicht in Ordnung war. Manchmal haben Menschen allzu lange ihre Verletzungen hinter vielen unausgesprochenen Worten mit sich herumgetragen.

Beispiel: Paul und Marion

Nach fast vierzig Jahren Ehe kommen Marion und Paul zur Paarberatung. Seit sich einige Jahre zuvor viele Übergänge auf einmal ereignet haben, erleben sie ihre Paarbeziehung als belastet: Die Kinder sind ausgezogen, er rutschte als Führungskraft in eine Burnoutkrise und wechselte in den vorzeitigen Ruhestand, sie begleitete intensiv ihre alte Mutter. Ihr Tod riss ein Loch in ihr Leben. Sie fühlte sich mutterseelenallein. Während sie immer noch in Vollzeit arbeitete, hatte er noch ein Fernstudium in Psychologie gemacht und verbrachte viel Zeit vor dem Computer. Es wurde deutlich: Marion und Paul hatten die Übergangssituation und ihre Neufindung als Paar nicht bewältigt. Die Krisen forderten beide zu einer Entwicklung heraus, die sie bisher noch nicht leben konnten.

Verschiedene Muster, sich gegenseitig zu verletzen, hatten sich eingespielt, wodurch ihre Beziehung zunehmend strapaziert wurde. Marion fühlte sich in der Beziehung ohnmächtig, trotzig, alleingelassen und wünschte sich viel mehr gemeinsame Aktivitäten. Sie hatte den Eindruck, nur geben zu müssen und nichts zu bekommen:»Für mich bleibt nichts übrig.« Wenn Marion stur war, beachtete sie Paul nicht. Darauf reagierte er aggressiv, was sie wiederum ablehnte. Sie vermisste seine sanftmütige Seite.

Im Beratungsgespräch wird deutlich, dass es Marion ungeheuer schwerfällt, ihre eigenen Bedürfnisse auszudrücken. Sie zieht sich zurück und scheint unerreichbar. Obwohl Paul ihr gut zuredet, ihre Gefühle mitzuteilen, ist sie ratlos, wie sie dies tun soll.

Marion befürchtet, ohnehin nicht gehört zu werden. Als Paul ihr versichert, dass er sie verstehen möchte, erzählt sie ehrlich, was sie am meisten plagt. Durch seinen sozialen Rückzug müsse immer sie sein Bedürfnis nach Austausch befriedigen, und das oft stundenlang. Darüber hinaus fühle sie sich analysiert durch seine psychologischen Theorien und jahrelangen Studien am Computer. Und sie wolle das nicht länger ertragen. Sie gibt sich die Erlaubnis, Gespräche zu unterbrechen, den Raum zu verlassen, wenn sie das will, ohne Angst, ihn dann alleine zu lassen. Er ist bereit zu versuchen, in diesen Situationen möglichst nicht aggressiv zu reagieren, wenn sie schroff hinausgeht. Sie spürt deutlich ihren Entwicklungsimpuls:»So bin ich, das will ich, das will ich nicht, ich bin für mich da.«

In der Folge nimmt sich Marion vor zu üben, sich ohne Trauer und Rückzug abzugrenzen und liebevoll zu sagen:»Es ist mir zu viel.« Paul erklärt sich bereit, Druck herauszunehmen. Marion lernt, die Opferrolle zu verlassen, ihre Bedürfnisse klarer auszudrücken und sich selbst das zu geben, worauf sie lange Zeit vergeblich gewartet hatte. Die Traurigkeit und die Vorwürfe weichen einer Selbstfürsorglichkeit. Sie erkennt, dass sie Zeit ihres Lebens die Bedürfnisse anderer erfüllt hat, statt ihre eigenen zu fühlen. Sie entscheidet sich klar:»Jetzt bin ich dran«.

Paul sieht seinen Entwicklungsimpuls darin, sich andere Menschen zum Austausch zu suchen, die seine Interessen teilen.

Verantwortung zurückgeben

Marion und Paul entdecken ihre Unterschiede. Er liebt es, alleine zu sein, den Dingen theoretisch auf den Grund zu gehen, sich in komplexen Gedankengebäuden zu bewegen und mit anderen darüber zu diskutieren. Da er sich zu diesen Themen mit ihr nicht austauschen kann, ist er enttäuscht, fühlt sich mit seinen Gedanken abgelehnt. Sie wiederum liebt das Tun, das Gesellige, versteht sich als Macherin. In diesen Bedürfnissen können sie sich gegenseitig nicht das geben, was sie sich wünschen. Stattdessen machen sie jeweils den anderen dafür verantwortlich, dass sie nicht bekommen, was sie brauchen.

Betrachten wir zunächst ein Ritual, welches Paare dabei unterstützt, die Verantwortung, die man zugeschoben bekommen oder dem Partner lange Zeit abgenommen hat, dem anderen zurückzugeben.

Ritual: Verantwortung zurückgeben[48]

Nehmen Sie sich einen Abend bewusst füreinander Zeit. Überlegen Sie zuvor für sich alleine, für was Sie verantwortlich gemacht wurden bzw. welche Verantwortung Sie der Partnerin abgenommen haben, obwohl es ihre ist. Spüren Sie nach, ob es Grenzen gibt und Sie Ihrer Partnerin diese Verantwortung wieder zurückgeben wollen.

Setzen Sie sich dann einander gegenüber. Feierlich wird das, worum es geht, der Partnerin zurückgegeben. Formulieren Sie z. B. sinngemäß: »Hiermit gebe ich dir die Verantwortung für deine Einsamkeitsgefühle, für deine Gereiztheit, für deine Trauer an dich zurück. Für das, was du daraus machst, trägst du alleine die Verantwortung. Ich gebe sie dir hiermit zurück.« Sie können diesen Akt unterstützen, indem Sie symbolisch für die zurückgegebene Verantwortung einen Stein überreichen oder einen Zettel, auf dem Sie das notiert haben, was Sie zurückgeben. Geben Sie beim Empfang der Verantwortung den Partner aus der Verantwortung frei, z. B. mit den Worten: »Ich nehme meine Verantwortung voll und ganz an« oder: »Ich entlasse dich aus dieser Verantwortung.«

Rituell geben sich Paul und Marion die Verantwortung für die Erfüllung ihrer Bedürfnisse zurück und entbinden sich gegenseitig davon, dafür Verantwortung zu tragen. Zunehmend übernehmen sie ihre Verantwortung für ihre Bedürfnisse selbst:»Ich habe mehr für mich getan, ich habe aufgehört, mich selbst zu verlassen, und komme wieder bei mir an.« Für Marion ist es entlastend, sich nicht mehr stundenlang seine psychologischen Erkenntnisse anhören zu müssen, für ihn ist es ein Antrieb, andere Menschen zum Austausch zu finden. Sie kann ihn in Ruhe am Computer sitzen lassen – wenngleich sie doch ab und zu immer noch denkt, der Computer zerstöre ihre Beziehung.

Ausgleich von Geben und Nehmen

Nach fast vierzigjähriger Ehe, die entsprechend traditioneller Geschlechterklischees gelebt wurde, gelingt es Marion, die bislang selbstverständliche, unhinterfragte klassische Rollenverteilung ehrlich anzusprechen: Sie habe das Karussell von Arbeitengehen, Einkaufen, Wäschewaschen, Putzen satt, während er am Computer säße, und nur mal ab und zu auch zu kochen, wäre keine wirkliche Arbeitserleichterung für sie. Sie betont, dass es für sie sehr wichtig wäre, hier endlich eine Balance zu finden. Beide handeln aus, dass er die Wäsche, den Abwasch und den Einkauf übernimmt. Diese Vereinbarung gibt ihr die Sicherheit, dass sie eben nicht nur gibt, sondern auch erhält.

In Beziehungen ist es bedeutend, dass zwischen Geben und Nehmen, Nähe und Autonomie sowie Anpassung versus Durchsetzung immer wieder ein Ausgleich gefunden wird. Bestimmt z. B. immer nur der Partner, während die Partnerin sich anpasst, kann das die Beziehung beeinträchtigen. In Beziehungen wird unbewusst eine Art Fairnessbilanz erstellt. Keiner darf das Gefühl haben, schlechter wegzukommen. Vor allem wenn frühere Abmachungen in den Zuständigkeiten gebrochen werden oder sie jahrzehntelang als selbstverständlich angesehen werden, entsteht Verletzung. Der Eindruck, dass es nicht mehr fair zugeht in der gemeinsamen Sorge, Verpflichtung und Verantwortung, verschlechtert die Beziehung.

Wenn Geben und Nehmen nicht im Gleichgewicht sind, wird sich einer irgendwann benutzt fühlen und vielleicht andere Wege des Ausgleichs suchen. Sind die Polaritäten in der Beziehung einseitig verteilt, birgt dies die Gefahr, dass dies als ungerecht empfunden wird. Auch wenn es nicht darum geht, Geben und Nehmen aufzurechnen, bedarf es trotzdem einer für beide Seiten stimmigen Balance. Solange ein Partner unzufrieden ist oder zu kurz kommt, wird das auf Dauer für beide Seiten belastend.

Beim Nachdenken, wie Geben und Nehmen ausgeglichen werden können, ist es hilfreich, auch Unterstützungssysteme zu aktivieren. Das kann ganz einfach eine Haushaltshilfe sein, die Entlastung bei den täglichen Verpflichtungen bringt.

Die folgenden Übungen möchten dazu anregen, für sich alleine oder gemeinsam die Balance von Geben und Nehmen zu überprüfen. Achten Sie darauf, dass Sie möglichst offen dafür sind, wozu die Partnerin bereit ist, und dass Sie keine festgesteckten Erwartungen haben.

Reflexionsübung: Geben und Nehmen

Beschäftigen Sie sich mit den folgenden Fragen:
1. Was habe ich bekommen von meinem Partner?
2. Was habe ich ihm gegeben?
3. Wo habe ich meinen Partner gestört? Wo oder wann habe ich ihm Schwierigkeiten bereitet?
4. Was bin ich bereit zu geben? Was brauche ich, damit ich geben kann?
5. Was brauche ich, um zu empfangen, zu nehmen?
6. Wie können wir aufeinander zugehen, damit Geben und Nehmen in einer stimmigen Balance sind?
7. Wozu bin ich bereit?

Übung: Bestimmerzeiten festlegen

Wenn Sie sich häufig über Kleinigkeiten streiten und die Gefahr von Machtkämpfen besteht, ist es nützlich, konkrete Zeiten festzulegen, wer wann bestimmen darf. Beispielsweise bestimmt er bei kleinen Entscheidungen im Alltag von Montag bis Mittwoch, sie bestimmt von Donnerstag bis Samstag. Sonntags bestimmen beide.

Wege der Wiedergutmachung finden und vereinbaren

Paul und Marion überlegen beide, welche Handlungen der Wiedergutmachung sie miteinander versöhnen könnten. Der entscheidende Wendepunkt kommt, als Marion Paul bittet, mit ihr den Keller zu entrümpeln und gemeinsam mit ihr all die Sachen ihrer verstorbenen Mutter auszusortieren. In dieser Zeit der Trauer hilft er ihr und signalisiert ihr:»Wir machen das gemeinsam.« Zum ersten Mal seit zehn Jahren hat sie wieder das Gefühl, dass er der Mann an ihrer Seite ist. Sie fühlt sich nicht mehr so alleine. Sie genießen es, ein gemeinsames Ziel erreicht und Ordnung im Keller geschaffen zu haben. In der Folge kann sie ihre Wünsche klarer äußern, z. B. dass er den Rasen mäht. Paul versteht sein Ringen um ein gutes Selbstwertgefühl und sein Bedürfnis, Anerkennung für seine Ideen und Gedankenwelten zu bekommen. Und beide dürfen etwas Altes loslassen: Er seinen Beruf, sie die Trauer über ihre verstorbene Mutter sowie ihre aufopfernde Mutterrolle. Damit lassen beide ein altes Beziehungsmuster los. Zunehmend beginnen sie wieder Aktivitäten, die ihnen früher Spaß gemacht hatten, wie gemeinsames Singen und Spieleabende mit Freunden.

Im Rückblick stellen sie fest, wieviel Schlechtes sich in ihre Beziehung eingeschlichen hatte, das sie nun wieder austreiben konnten. Indem sie wieder aufeinander zugingen, konnten sie sich wieder füreinander öffnen und gute Erfahrungen in der Beziehung machen. Heute unterstützen sich beide, lachen häufiger, fühlen sich in ihrer Beziehung »entgiftet«, sind weicher geworden und fühlen sich wieder verbunden.

Es entspricht zutiefst unserer menschlichen Natur, etwas wiedergutmachen zu wollen. Ohne Wiedergutmachung würden Gemeinschaften auseinanderfallen. Wiedergutmachungen sind Versöhnungshandlungen. Wiedergutmachung ist allerdings zweischneidig, da sie automatisch impliziert, dass etwas falsch ist, jemand eine Schuld trägt, die er »wieder gut machen« muss. Zwischen der Forderung nach einem gerechten Ausgleich und bitterer Anklage liegt nur ein schmaler Grat. Manchmal wird über Schuldzuweisung und die Erwartung von Wiedergutmachung auch überprüft, wie tragfähig die Beziehung noch ist. Statt sich gegenseitig die Schuld in die Schuhe zu schieben, sollten Paare sich vielmehr auf die Frage konzentrieren, was in Zukunft anders laufen soll und wozu sie bereit sind. Der Akt der Wiedergutmachung beinhaltet im Kern die gegenseitige

Anerkennung der Würde des anderen und stellt im besten Fall eine verletzte »Gleichwürdigkeit« wieder her. Der Akt der Wiedergutmachung gibt dem Partner seine Würde zurück. Es ist ein Handeln im Bewusstsein, dem anderen zu vergeben.

Die Grundaussage ist: »Ich sehe, ich habe dich verletzt. Kann ich etwas für dich tun, damit es für dich wieder gut ist?«[49] Mit einem Akt der Wiedergutmachung zeigt der Partner, dass er es wirklich ernst meint. Das ermöglicht, ein Gegengewicht zur Verletzung herzustellen. Bei Verletzungen entsteht eine Minusbilanz auf dem Beziehungskonto bei dem Partner, der etwas »angetan« hat. Im Wissen darum, dass Verletzungen nie wirklich verrechnet werden können, gleichen symbolische Handlungen der Wiedergutmachung das belastete Konto wieder aus. Diese eher nüchterne Betrachtung wirkt Beziehungsdramen entgegen.

Um Verletzungen der Vergangenheit leichter versöhnen zu können, braucht es die Anerkennung, dass die Verletzung passiert ist. Es ist meist wenig produktiv, die Verletzung zu ignorieren oder zu versuchen, sie abzuschwächen, etwa mit den Worten: »Es war ja nicht so gemeint. Und du hast doch auch schon ...« Der Partner fühlt sich dann meist zurückgewiesen und hat den Eindruck, ihm würde die Berechtigung seiner Gefühle aberkannt. Um sich vom Schmerz lösen zu können, ist die Anerkennung der Verletzung eine wesentliche Voraussetzung. Es ist also notwendig, keine Ausreden vorzubringen: »Auch wenn ich es nicht gewollt habe – ich anerkenne, dass es dich verletzt hat.« Erst zu einem späteren Zeitpunkt können beide gemeinsam herausfinden, warum es verletzt hat.

Es ist heilsam, ausdrücklich um Verzeihung zu bitten und mitzuteilen, dass wir bedauern, verletzt zu haben. Bei Zeichen von Demut und Reue fällt es der verletzten Partnerin leichter zu vergeben. Da sich dies aber auch wie eine »Demutsgebärde« und wie ein Kniefall anfühlen könnte, fällt das gar nicht so leicht. Bedauern zu äußern, lässt uns auf den guten Willen der Partnerin angewiesen sein. Wir machen uns bewusst davon abhängig, ob die Partnerin sich uns wieder zuwendet. Und bekommen dann vielleicht Angst, dass die Entschuldigung nicht angenommen wird. Das ist verständlich, denn es fällt nicht so leicht, ein erlittenes Unrecht zu vergeben. In uns gibt es auch einen uralten Impuls zur Rache. Verharren wir hier in verletztem Stolz, wirkt dies trennend.

Wenn wir uns auf einen Akt der Wiedergutmachung einlassen,

bekennen wir uns damit zu einem Fehler. Wiedergutmachung erkennt an, dass eine Verletzung passiert ist. Wir brauchen aber ebenso die Chance, dass unsere Wiedergutmachung angenommen wird und wir aus der Rolle des Schuldigen freigesprochen werden. Dies führt im besten Fall zu einer stimmigen Balance von Fairness und Gerechtigkeit. Wenn die Frage über die Form und Höhe der Wiedergutmachung bzw. die Art des Ausgleichs wieder zu neuen endlosen Diskussionen über Gerechtigkeit, Schuld und Enttäuschungen führt, dann sollte das Paar vermutlich die Wiedergutmachung besser weglassen und andere Wege der Wiederannäherung suchen.

Die folgende Übung fasst noch einmal die Worte der Versöhnung, wie Jellouschek sie beschrieben hat, zusammen.

Versöhnungsritual: Worte der Versöhnung[50]

Ein Partner spricht aus: »Ich sehe, dass ich dich, auch wenn ich das nicht gewollt habe, mit meinem Verhalten verletzt habe. Das tut mir zutiefst leid. Ich bitte dich, mir zu verzeihen.«

Die zuhörende Partnerin antwortet: »Ich habe gehört, dass du erkennst, was mich verletzt hat. Und ich sehe, dass es dir leidtut. Ich akzeptiere deine Bitte und verzeihe dir. So gut es geht werde ich versuchen, meine Verletzung loszulassen und sie bei Auseinandersetzungen in Zukunft nicht mehr zu erwähnen.«

Wird die Verletzung durch die Entschuldigung nicht aufgehoben, kann zusätzlich noch eine Wiedergutmachung erfolgen.

Es braucht Mut, um Unversöhntes zu klären, ehrliche Dialoge zu führen und Wiedergutmachung auszuhandeln. Dabei wäre es natürlich wünschenswert, dass die Partnerin, die verletzt hat, sagt: »Mir ist bewusst, wie sehr es dich verletzt hat. Ich verspreche, es nicht wieder zu tun.« Der springende Punkt ist, dass wir das nicht erwarten können. Wenn wir ohne Stolz und ohne moralische Erhöhung vergeben, kann uns das davor bewahren, uns erneut in Machtkämpfe zu verwickeln.

Achtsame Kommunikation im Alltag

In vielen Paarbeziehungen ist die Art des Miteinanderredens Auslöser für Verletzungen. Worte haben eine große Macht. Beziehungen
können an verletzenden Worten zerbrechen oder sich entzweien.
Worte können wie Giftpfeile wirken. Daher ist es so wichtig, sorgfältig und respektvoll mit Worten umzugehen.

Im Prozess der Versöhnung und des Aufeinander-Zugehens brauchen Paare oft eine neue Art der achtsamen Kommunikation, die
ermöglicht, dass beide Partner lernen, sich wirklich zuzuhören.

Es ist sinnvoll, schwierige Themen möglichst nicht nebenbei, zwischen Tür und Angel, im Affekt, in Stresssituationen oder öffentlich
zu besprechen. Hilfreich sind regelmäßige Gespräche zu einem festen Zeitpunkt in der Woche, in dem das Paar sich in einer ruhigen
Atmosphäre austauschen kann.

In diesen Zwiegesprächen sprechen beide mit einem Redegegenstand, der unterstützt, dem anderen nicht ins Wort zu fallen. Bevor
über die Beziehung gesprochen wird, ist es gut, zunächst einmal all-
gemeiner zu erzählen, wie es einem aktuell im Leben geht, was einen
bewegt, Kraft kostet und was Kraft gibt. Vor dem Hintergrund der
Gesamtsituation wird dann vielleicht sichtbar, dass die Partnerin
aktuell bereits durch die Arbeitssituation angespannt ist. Erst dann
wird darüber gesprochen, was in der Beziehung gerade schön ist oder
belastet. Indem ein Paar diese Räume schafft, wird es möglich, die
eigenen Gefühle auf ruhige Art und Weise auszudrücken, bevor sie
wie Giftpfeile abgeschossen werden. Mit Mut, Klarheit und Liebe
wird die eigene Wahrheit ausgesprochen.

Der Fokus sollte dabei darauf liegen, nicht die Defizite der Beziehung und der Partnerin zu betonen, sondern den Blick auf den
Wunsch zu richten, gemeinsam Lösungen zu finden.

Die Regeln für eine konstruktive Kommunikation sind: in Ichbotschaften sprechen, die eigenen Grenzen mitteilen, die eigenen Bedürfnisse und Gefühle ausdrücken und sich gegenseitig aktiv zuhören.

Bei den Ichbotschaften wird ein konkretes Verhalten in einer spezifischen Situation benannt, statt die Person als Ganzes zu bewerten. Das ist für die Partnerin oft viel leichter anzunehmen. Der entscheidende Dreh zur Ichbotschaft findet statt, indem wir selbst die Verantwortung für unsere Reaktion übernehmen. Statt zu sagen: »Du bist dominant«, können wir dann formulieren: »Ich ärgere mich, weil ich mich heute von dir drei Mal habe unterbrechen lassen.« Mit dieser Aussage wird deutlich, dass nicht der andere uns etwas »angetan« hat, sondern dass *wir* nicht so reagiert haben, wie wir es von uns selbst wünschten. Denn wir hätten in der Situation sagen können: »Warte, ich möchte gerne noch ausreden.« Wahrscheinlich wäre auf diese Weise kaum Ärger entstanden. Förderlich ist es, konkrete Ideen zu entwickeln, wie es besser gehen könnte: »Das nächste Mal werde ich versuchen, dich sofort darauf hinzuweisen.«

Wenn wir auf der Ebene von Gefühlen und Bedürfnissen, möglichst frei von Wertungen kommunizieren und klarer formulieren, was wir brauchen, kann das die Paar-Kommunikation enorm entlasten und bereichern. Im Bewusstsein darum, dass unsere Bedürfnisse allgemein menschlich sind, können wir uns tief miteinander verbunden fühlen und leichter Verständnis füreinander haben. Denn auf der Ebene der Bedürfnisse sind wir Menschen sehr gleich. Wir alle brauchen Liebe, Verständnis, Ausgleich, Gerechtigkeit, Nähe, Zugehörigkeit, Autonomie, Akzeptanz. Kommunizieren wir auf der Bedürfnisebene und übernehmen dabei Verantwortung für unsere Gefühle, kann das, was wir mitteilen wollen, viel leichter angenommen werden. Das, was uns wichtig ist, kann beim Partner ankommen. Dazu ist einige Übung und Achtsamkeit wichtig. Marshall Rosenberg[51] hat in seinen Schriften zur »Gewaltfreien Kommunikation« eine Fülle von Anregungen dazu gegeben.

Auf der Ebene des Zuhörens sind zwei Aspekte besonders hilfreich: aus echtem Interesse heraus Fragen stellen, genau nachfragen und aktiv zuhören. Die Haltung des Fragens ist dadurch gekennzeichnet, dass wir uns immer wieder vergegenwärtigen, dass wir die Wahrheit des Partners, seine Sichtweisen, Beweggründe, Motive auch bei größter Vertrautheit nicht wirklich kennen. Es ist eine Haltung der Neugier, des Nichtwissens, der Wertschätzung und Akzeptanz. Bevor wir in die Bewertung gehen, erkunden wir, wie der Partner die Wirklichkeit, die konflikthaften Beziehungsepisoden wahrnimmt, und erlauben, dass seine Wahrheit sich von unserer eigenen unterscheiden darf. Im Idealfall lassen wir die Sichtweise des anderen so stehen, ohne in Abwehr oder Gegenrede zu fallen. »Das stimmt gar nicht«, »Das ist falsch«, »Das war ganz anders« – diese Sätze könnten signalisieren, erst einmal genauer nachzufragen, ohne Rechtfertigungsdruck auszulösen: »Was hat dich dazu bewegt?«, »Was brauchst du?«, »Was sind deine Motive?« Diese Fragen bauen eine Brücke, um den Partner besser in seiner Wahrheit zu verstehen. Es geht darum, sich an die gute Absicht zu erinnern, statt sich an der vielleicht negativen Wirkung festzubeißen. Lernen beide Partner, zu ihren Bedürfnissen zu stehen und sie so zu formulieren, dass der Partner dies weder als Mangel versteht noch dadurch unter Druck gerät, sie erfüllen zu müssen, mündet dies in eine große Akzeptanz der Differenz.

Gerade in widersprüchlich erlebten Beziehungssituationen ist das aktive Zuhören eine gute Möglichkeit, um sich zu vergewissern, ob wir die Partnerin auch so verstanden haben, wie sie etwas gemeint hat. Zudem entschleunigt das aktive Zuhören die Geschwindigkeit, die in angespannten Gesprächen oft sehr hoch ist. Aktiv zuzuhören meint, dass wir das Gesagte in eigenen Worten wiederholen, bevor wir uns selbst dazu äußern. Wir versuchen, besonders die Gefühle und dahinterliegenden Bedürfnisse, die wir gehört haben, mitzuteilen. Aktiv zuzuhören beugt Missverständnissen, die die Quelle von Streit werden können, frühzeitig vor. Es würdigt, was der Partner gesagt hat, auch wenn ich nicht damit einverstanden bin oder die Wirklichkeit anders erlebe.

Gelingt es uns trotz allem Bemühen nicht, Verständnis oder Mitgefühl aufzubringen oder einfach die Sichtweise der Partnerin nachzuvollziehen, können wir zumindest sagen: »Ich habe dich gehört.« Erst danach teilen wir mit, was das Gesprochene in uns selbst auslöst. Wir teilen dabei nicht nur mit, was uns kränkt, sondern auch, warum wir bei diesem Thema so empfindlich reagieren. Dadurch wird es leichter, achtsam auf Lösungen zu fokussieren.

Übung: Aktiv zuhören

Wählen Sie ein Thema, bei dem Sie unterschiedlicher Meinung sind. Legen Sie fest, wer beginnt. Die Partnerin, die anfängt, erzählt ihre Sichtweise kurz, lässt Raum für den Partner. Der Partner wiederholt dann in eigenen Worten, ohne seine eigene Meinung hineinzugeben, was bei ihm angekommen ist. Wenn es so richtig wiedergegeben wurde, sagt die Partnerin: »Ja, so habe ich es gemeint.«

Wenn nicht, setzt die Partnerin erneut an, um ihre Sichtweise verständlich zu machen. Dieser Wechsel von Erzählen und aktivem Zuhören geht so lange, bis die Partnerin drei Mal »Ja, so habe ich es gemeint« gesagt hat. Dann wechseln beide die Rollen. Nun erzählt der Partner, und die Partnerin hört aktiv zu, bis sie drei Mal ein Ja-Wort erhalten hat.

Statt einer Übung: Sich an Achtsamkeit im Alltag erinnern

Erinnern Sie sich an Alltagssituationen: Wie bewusst nehmen Sie sich Zeit füreinander, wenn Sie sich wiedersehen oder auseinandergehen? Wie flüchtig sind Ihre Küsse und Umarmungen, wie dialogisch Ihre Gespräche? Wie oft sprechen Sie miteinander, obwohl Sie in Gedanken gerade mit etwas anderem beschäftigt sind? Wann sprechen Sie den anderen an, obwohl er gerade in etwas vertieft ist? Wie könnte Achtsamkeit in der Kommunikation aussehen, gerade wenn es um verletzte Themen geht?

Aufeinander zugehen

Ein letzter Aspekt dieses Versöhnungsschrittes besteht darin, neu aufeinander zuzugehen, um die Herzensverbindung auch im Alltag zu spüren. Intimität vermittelt sich auch durch liebevolle Blicke, achtsames Zuhören, kleine Aufmerksamkeiten, Gesten der Zuwendung und Ermutigung.

Das folgende Ritual findet schweigend statt. Es ist ein Ritual der Wiederannäherung, das zugleich einfach ist und doch sehr intensiv wirken kann. Sie können es öfter wiederholen. Achten Sie dabei Ihre eigenen Grenzen. Für dieses Ritual benötigen Sie Ruhe und einen geschützten, ungestörten Raum.

Ritual: Aufeinander zugehen

Bereiten Sie den Raum so vor, dass er sich für Sie warm, gemütlich und stimmungsvoll anfühlt. Dazu können Sie z. B. eine Kerze anzünden und leise Musik abspielen.

Stellen Sie sich gegenüber, mit einigen Metern Abstand. Schauen Sie sich aus diesem Abstand heraus – so gut es geht – in die Augen. Lassen Sie sich viel Zeit. Wann immer Sie einen Impuls fühlen, auf den anderen zuzugehen, tun Sie das auch real. Vielleicht kommt ein versöhnlicher Gedanke oder eine kleine Erinnerung an die große Liebe, die zwischen Ihnen ist oder war. Versuchen Sie, durch die Schichten und Nebel des Trennenden auf das Verbindende zwischen Ihnen zu schauen. Gehen Sie so lange aufeinander zu, bis Sie dicht voreinander stehen. Versuchen Sie, über die Augen liebevoll in das Fenster der Seele des anderen zu schauen. Wenn es Ihnen möglich ist, umarmen Sie sich. Wenn nicht, beenden Sie das Ritual, indem Sie sich noch kurz an den Händen halten.

Diese Übung drückt symbolisch den Prozess der Wiederannäherung und des Aufeinander-Zugehens aus. Durch das Schweigen kann ein ganz besonderer Raum entstehen, jenseits von alten Geschichten. Im Anschluss kann gemeinsam reflektiert werden, welche Beweggründe es gab, auf den anderen zuzugehen. Gemeinsam können Sie sich mitteilen, wo Sie bereit sind, auch im Alltag mehr auf den anderen zuzugehen.

Eine Variation dieses Rituals ist, sich im Alltag schweigend anzuschauen, bis Sie wieder kleine Funken der Nähe und des Berührtseins fühlen. Das Paar kann im Stehen die rechte Hand auf das Herz des Partners legen und die linke Hand auf die rechte Hand der Partnerin. Gemeinsam können Sie dabei in Stille bewusst in Ihr Herz atmen und der Partnerin in die Augen sehen, bis Sie die Verbindung spüren. Diese kleinen Übungen im Alltag sowie kleine Gesten wie eine sehr bewusste Umarmung, das stille Halten der Hände oder das schweigende tiefe Anschauen kann die Bindung stärken und helfen, sich füreinander zu öffnen.

8. Schritt: Sich versöhnen mit dem Anderssein

Das Anderssein und Nichtveränderbare respektieren

Wir wenden in Beziehungen oft sehr viel Energie dafür auf, uns darüber aufzuregen, dass die Partnerin so ist, wie sie ist. Eine fixe Idee dabei ist: Die Partnerin soll sich ändern, damit wir sie lieben können. Wie wir gesehen haben, ist es hier vor allem unser Widerstand, der Leid erzeugt. Wenn ich von der Partnerin etwas verlange oder erwarte, was sie mir nicht geben kann, kreiere *ich* damit einen Konflikt. Der Konflikt besteht weniger darin, dass die andere nicht gibt, sondern mehr darin, dass ich das nicht toleriere und mich an meiner Erwartung festbeiße.

Es gibt eine schöne Geschichte, in der ein Indianer gefragt wird, was er von dem geplanten Dammbau in Oregan halte. Er antwortete:»Ich würde den Damm nicht bauen.« Als er nach den Gründen dafür gefragt wird, antwortet er:»Ich bin nicht der Fluss.« Als er gefragt wird, was er damit meine, erklärt er:»Wenn ich den Fluss verändern würde, dann wäre ich für den Fluss und all seine Lebewesen verantwortlich. Dafür bin ich zu klein.«

Diese Geschichte erinnert uns daran, dass wir, was Veränderung anbelangt, in erster Linie für uns selbst verantwortlich sind. Den Partner können wir nicht verändern. Wir können lediglich eine Veränderung dadurch ermöglichen, dass wir selbst anders handeln, denken und entscheiden. Das Gute an dieser Sichtweise ist, dass wir die Situation mitgestalten können und nicht auf die Veränderung der Partnerin angewiesen sind. Und wir brauchen keine fremde Verantwortung zu übernehmen, die eine große Last in unserem Leben werden könnte.

Die Akzeptanz des Andersseins des anderen und seiner Nichtveränderbarkeit ist ein wichtiger Schlüssel im Versöhnungsprozess. Manchmal müssen wir dafür ein noch tieferes Verständnis für den Partner und das, was zwischen uns passiert, gewinnen und uns als Ganzheit begreifen. Akzeptieren wir, wie die Wirklichkeit aus der Perspektive des Partners aussieht, müssen wir weniger Öl ins Feuer gießen. Es ist die tiefe Einsicht, dass der Partner uns letztlich fremd ist und sich als einzigartiges Wesen von uns unterscheidet. Es könnte durchaus sein, dass wir diesen Partner gar nicht lieben würden, wenn er nicht genau so wäre, wie er ist. Und vielleicht ist das, was wir gerne anders haben möchten, etwas, das der Partner gar nicht ändern kann. Indem wir unsere Unterschiede sichtbar machen und anerkennen, können wir sie als Gewinn wahrnehmen. Beschuldigungen, Angriffe, Verteidigungen und Vorwürfe verlieren dabei an Macht.

Der Prozess der Akzeptanz erfordert ein schrittweises Loslassen von der Vorstellung, wie die Partnerin sich verhalten, was sie tun oder unterlassen soll. Das ist auch ein innerer Abschied. Um uns mit dem Anderssein zu versöhnen, müssen wir uns nicht von der Partnerin trennen, sondern uns eher von einigen Aspekten der Beziehung lösen. Roland Weber benennt viele kleine Formen von Trennungen, die wieder eine Basis für die Beziehung eröffnen können: die Trennung von bestimmten Erwartungen, Ansichten oder Haltungen, von Verhaltensweisen, Mustern, Verletzungen, von einem zu engen Verhältnis zu den Eltern, von schlechten Gewohnheiten, zu viel Sicherheit, einer bestimmten Beziehungsphase, von bestimmten Rollen, Altlasten, Routine, von Lieblosigkeit.[52]

»Liebe ist gemeinsame Freude an der wechselseitigen Unvollkommenheit«, formulierte es Ludwig Börne. Diese Sichtweise könnte uns helfen zu üben, die Stärken in den Schwächen zu sehen und die Schwächen, die wir nicht ändern können, gelassener hinzunehmen. Das gelingt uns leichter, wenn wir uns selbst weiterentwickeln, z. B. indem wir uns besser abgrenzen oder schützen. Wenn wir uns vergegenwärtigen, dass wir uns selbst auch nur selten in die Richtung ändern, die unser Partner vielleicht wünscht, vor allem wenn dies gefordert wird, fördert dies unser Verständnis für den anderen.

Die folgenden Übungen unterstützen dabei, den Partner zu akzeptieren und mehr Verständnis bei sehr unterschiedlichen Sichtweisen zu ermöglichen.

Übung: Den anderen akzeptieren[53]

Denken Sie an Ihre Partnerin und verbinden Sie sich innerlich mit dem Wunsch, sie zu unterstützen, wenn es ihr nicht gut geht. Vergegenwärtigen Sie sich, dass wir alle sehr unterschiedlich reagieren, wenn es uns nicht gut geht oder wir uns angegriffen fühlen. In Stress- und Konfliktsituationen kann es leicht geschehen, dass wir ungerecht, rechthaberisch und vorwurfsvoll statt mitfühlend, zugewandt und verständnisvoll reagieren.

Machen Sie sich jetzt bewusst, wie Sie auf diese Verhaltensweisen üblicherweise reagieren. Stellen Sie sich eine konkrete Situation vor und reflektieren Sie, ob Ihre Art der Reaktion in der Situation eher unterstützend ist oder nicht.

Überlegen Sie, mit welcher Haltung Sie die Situation deeskalieren und konstruktiv beeinflussen könnten. Stellen Sie sich vor, Sie könnten für diese angespannte Situation eine hilfreiche Haltung (z. B. Gelassenheit, Kompromissbereitschaft) entwickeln: Welche wäre das? Wie könnten Sie diese Haltung entwickeln und konstruktiv in die Situation einbringen? Stellen Sie sich nun vor, dass Sie diese Haltung in der ganz konkreten Situation gegenüber Ihrer Partnerin einnehmen. Vergegenwärtigen Sie sich, was sich dadurch verändert. Bringen Sie auch folgende Sätze in die Situation und überprüfen Sie deren Wirkung: »Möge ich meine Partnerin in ihrem Anderssein annehmen, ohne ihre Schwächen auszublenden.«

Übung: Unterscheidungsspaziergang

Machen Sie gemeinsam einen Spaziergang. Argumentieren Sie beide während der ersten Hälfte des Spaziergangs durchaus spielerisch, was an Ihren Schwächen jeweils schwierig ist. Während der zweiten Hälfte überlegen Sie beide, was an den Schwächen gut ist, welcher Vorteil darin liegt, welche Stärken darin verborgen sind. Lassen Sie sich dabei auch von den Eindrücken aus der Natur auf einer symbolischen Ebene inspirieren. Wichtig ist, dass beide die in den Schwächen verborgenen Stärken und umgekehrt die in den Stärken enthaltenen Schwächen benennen. Dadurch wird die Bekämpfung von Schwächen überflüssig. Anschließend können Sie für sich überlegen: Möchte ich etwas so verändern, dass sich eine Schwäche wieder mehr als Stärke zeigen kann? Wie würde die Veränderung aussehen?

Sie können die Übung variieren, indem Sie sich zwei bis drei Unterschiede überlegen, die immer wieder zu Verletzungen führen. Nehmen wir als Beispiel an, Sie beide hätten eine grundsätzlich unterschiedliche Einstellung zum Thema Kinderwunsch oder zu einem Umzug. Während dieses Spaziergangs argumentieren Sie dann beide während der ersten Hälfte, warum es gut wäre, gemeinsam ein Kind zu bekommen bzw. umzuziehen, und während der zweiten Hälfte zählen Sie beide die Gründe auf, weshalb es gut ist, keine gemeinsamen Kinder in die Welt zu setzen bzw. nicht umzuziehen. Überprüfen Sie, ob Sie die Unterschiede und das Anderssein auch als Bereicherung sehen und ab und zu im Alltag die Positionen tauschen können.

Sich entschuldigen[54]

Da Verletzungen in Beziehungen nicht zu vermeiden sind, brauchen Paare Formen der Entschuldigung, die sie im Alltag immer wieder anwenden können.

Ein Charakteristikum von Verletzungen ist, dass sie sich nicht wieder ungeschehen machen lassen. Werden die Verletzungen nicht ausgesprochen oder versöhnt, gärt der Groll über sie unterschwellig weiter, was zu Distanzierung führen kann. Je öfter wir über die Verletzungen hinweggehen, desto mehr Ärger sammelt sich an. Eine falsche Bemerkung kann dann das ganze »Fass« zum Explodieren bringen, was meist zu neuen Verletzungen führt. Die ganze Ladung angestauter Wut schüttet sich über den Partner aus. Wenn wir Verletzungen nicht rechtzeitig ansprechen, können sie zu einer destruktiven Stimmung in der Beziehung führen.[55]

Aber es dauert oft eine Weile, bis Fehler eingestanden werden und um Entschuldigung gebeten wird. Dies geschieht häufig erst dann, wenn die äußeren Beweise für das Fehlverhalten unübersehbar oder die inneren Gewissensbisse so massiv geworden sind, dass Ignorieren nicht länger möglich ist.

Eine sinnvolle Haltung beim Sich-Entschuldigen ist die Demut, ohne sich selbst zu demütigen: »Ich habe einen Fehler gemacht und das tut mir leid.«

Eine Entschuldigung bedeutet mehr, wenn spürbar ist, dass wir mitfühlen, was das verletzende Verhalten für die Partnerin bedeutet. Dann können wir auch genau formulieren, für was wir uns entschuldigen. Es ist zudem ein Unterschied, ob wir uns nur für unser Verhalten entschuldigen oder ob wir uns auch klarmachen, welche Wirkung dieses Verhalten auf die Partnerin hat:»Es tut mir leid, dass meine aggressiven Antworten dich verletzt haben«, oder:»Es tut mir leid, dass meine Vergesslichkeit dir zusätzlichen Stress gemacht hat.« Diese Kommunikation ermöglicht uns, gemeinsam Trost und Entlastung zu finden. Es braucht Achtsamkeit, mit unserer Entschuldigung keinen Druck ausüben zu wollen im Sinne von:»Ich habe mich doch entschuldigt, jetzt ist alles wieder gut. Warum bist du noch sauer auf mich?« Wenn die Entschuldigung auf diese Weise zur moralischen Selbsterhöhung benutzt wird, kann es zu moralischen Machtkämpfen kommen. Wir brauchen neue Wege, um daraus auszusteigen und Gewinner-Verlierer-Spiele hinter uns zu lassen. Ehrliche Vergebung bringt uns auf Augenhöhe miteinander. Stellen wir dagegen Bedingungen, untergraben wir die heilsamen Aspekte des Verzeihens.

Es geht vielmehr darum, anzuerkennen, was geschehen ist:»Ich gestehe ein und weiß, dass es geschehen ist. Ich weiß, dass das nicht in Ordnung war. Es tut mir leid.« Wahres Bitten um Verzeihung entspringt einer Haltung, die frei ist von Leugnung und Ausrede, von Stolz und Rechtfertigung. Sie kommt aus einem Raum ohne Erwartung, dass vergeben wird. Beides, der Akt der Vergebung und der Entschuldigung, steht vielmehr für sich. Der andere *muss* uns nicht vergeben. Daher ist es möglich, sich zu entschuldigen oder auch innerlich durch Imagination Vergebung zu finden, selbst wenn das Gegenüber nicht sprechen kann, keine Versöhnung will oder tot ist. Wir können ihr symbolisch Briefe schreiben, ihr in der Vorstellung begegnen und uns imaginativ mit ihr aussprechen, ihr in einem Ritual symbolisch vergeben oder über Stellvertreterinnen, z. B. in einer Familienaufstellung, fühlen, dass uns vergeben wurde.

Manchmal braucht es ein Versprechen, damit der andere die Entschuldigung annehmen kann:»Ich verspreche, dass ich es nicht wieder tun werde bzw. versuche, es nicht wieder zu tun. Ich habe etwas daraus gelernt.« Auch hier ist zentral, ob wir selbst innerlich dazu stehen oder nur dem anderen zuliebe etwas versprechen. Dennoch kann beim Partner, bei dem wir uns entschuldigen, eine Unsicherheit bleiben oder einfach der Wunsch da sein, sich Zeit zu lassen, neues Vertrauen zu gewinnen:»Ich würde es gerne wieder versuchen, aber ich traue dir noch nicht.« Entgegen der landläufigen Sicht heilt die Zeit nicht alle Wunden. Und doch brauchen wir oft Zeit, damit Wunden heilen können. Wenn wir etwa das Gefühl haben, dass wir durch eine Entschuldigung gedemütigt werden, kann es sein, dass noch nicht die richtige Zeit dafür gekommen ist.

Weil Entschuldigung auch als Schwäche ausgelegt werden kann, fällt sie vielen Menschen nicht so leicht. Aufrichtige Entschuldigung und wahre Vergebung bedeuten die Einsicht:»Wir sind beide gleich. Ich bin nicht besser als du.« Es geht um die liebevolle Haltung, sich selbst bzw. den anderen als ein menschliches Wesen, das Fehler macht, zu sehen und anzunehmen. Diese Haltung ermöglicht es uns, von Verletzungen Abschied zu nehmen. Je sicherer und verlässlicher die Beziehung ist, desto leichter fällt es, zu vergeben[56]. Wenn es in der Beziehung Verlustängste gibt, fällt uns dies schwerer.

Wenn wir uns entschuldigen, kann dies mit Taten nachhaltiger geschehen als nur durch Worte. Es sind symbolische Akte der Wiedergutmachung, etwa indem wir mit einem Geschenk symbolisch etwas zurückgeben, das wir dem anderen weggenommen hatten. Im Kern geht es darum, ohne Manipulationsversuche die Balance wiederherzustellen. Damit stärken wir wieder die Beziehung. Es ist aber sorgsam darauf zu achten, dass eine Wiedergutmachungstat auch beleidigend wirken kann. So kann z. B. kein Geld der Welt etwas Verlorenes zurückbringen. Ein unaufrichtiger Wiedergutmachungsversuch mit Geld oder nicht ernst gemeinten Geschenken kann den Partner entwerten und seine Verletzung bagatellisieren.

Aufrichtige Wiedergutmachung ist notwendig, um die Balance in der Beziehung wiederherzustellen. Jellouschek[57] beschreibt die doppelte Schieflage, die rund um den Prozess der Entschuldigung entstehen kann. Zunächst ist es das Ungleichgewicht zwischen dem machtvollen, überlegenen Täter und dem leidtragenden, unterlegenen Opfer. Auf der moralischen Ebene verkehren sich dann die Rollen: Der Täter ist moralisch unterlegen, das Opfer moralisch überlegen. Es ist nobel von ihm, zu vergeben. Als Ausgleich für die Verletzung entsteht der Impuls, sich selbst moralisch höher zu bewerten. Das führt aber nur zu weiteren negativen Verwicklungen, vor allem wenn sich viele Verletzungen angesammelt haben:»Du hast mich schon immer dauernd verletzt!« Die Person, der etwas »angetan« wurde, erhält eine moralische Machtposition und kann damit Druck auf den verletzenden Partner ausüben. Dadurch kann das eigentliche Opfer auch zum Täter werden. Für Verletzungen geben wir dem Partner die Schuld. Wenn wir unversöhnlich bleiben, kultivieren wir oft unsere Verletztheit und verlangen Genugtuung für das erlittene Leid. Es kann zu subtilen Formen der Bestrafung und zu Forderungen nach Wiedergutmachung kommen. Wir stellen Bedingungen dafür, eine Entschuldigung anzunehmen und bereit zu sein zu vergeben. Statt Versöhnung entstehen Machtkämpfe darüber, wer die Höhe der Wiedergutmachung festlegt.

Versöhnung gelingt leichter, wenn wir uns zwei Dinge bewusst halten: Erstens sind wir immer mal Verletzer/in und mal Verletzte/r. In den meisten Beziehungssituationen wechseln sich die Rollen von »Täter« und »Opfer« ab. Zweitens macht die eigentliche Verletzung nur einen Teil der seelischen Belastung aus: Die innere Wiederholung der Verletzung – durch die Versuche, Erklärungen oder Rechtfertigungen zu finden, durch innere Vorwürfe, Rache- und Wiedergutmachungsfantasien – stellt mitunter den größeren Teil der Belastung dar. Daher sollten wir Verletzungen besser sofort und ehrlich ansprechen: »Das hat mich verletzt«, statt aus scheinbar moralischem Großmut Kränkungen unter den Teppich zu kehren. Wir müssen uns rechtzeitig von negativen Erinnerungen befreien und Rechthaberei, was der Partner uns doch eigentlich noch schuldet, hinter uns lassen. Damit entlasten wir in erster Linie unsere eigene Seele von Groll und Ballast, aber auch die Seele unseres Partners. Verzeihen darf nicht mit einer Gönnerhaltung einhergehen, bei der daran festgehalten wird, dass es eben der Partner ist, der an den Beziehungsproblemen schuld ist. Die Erwartung, dass eine alte Schuld noch beglichen werden muss und eine Entschädigung noch aussteht, kann Menschen auch an bereits längst zerrütteten Beziehungen festhalten lassen. Das meist vergebliche Warten auf Entschuldigung oder Entschädigung kostet aber nur den eigenen Seelenfrieden.

Versöhnungsrituale und Versöhnungsübungen

Versöhnung bedeutet, mit der Situation, der Partnerin und sich selbst Frieden zu schließen. Rituale sind sehr hilfreich, um die vorangegangene tatsächliche Versöhnung rituell zu bekräftigen.

Dazu braucht es die Bereitschaft, die Verletzung zu integrieren und die Überzeugung, dass Versöhnung die Beziehung verbessert und von Belastungen erleichtert. Sich zu versöhnen ist insofern eine »Wir-Handlung«, als sich die Partner auch wieder zur Beziehung bekennen. Versöhnung schließt die andere Person mit ein. Sie beinhaltet, dass die verletzende Person zumindest sagen kann, dass sie weiß, wie sehr sie den anderen verletzt hat. Wir öffnen uns für die Verletzbarkeit des Partners.

In indigenen Kulturen gibt es am Ende des eigenen Lebens traditionelle Versöhnungsrituale, um in Frieden und versöhnt sterben zu können. Um den aus dem Leben gehenden Menschen in Würde zu verabschieden, wird eine Sterbehütte gebaut, in der alle Verwandten und Freunde vom Sterbenden Abschied nehmen. Gegenüber jeder einzelnen Person spricht der Sterbende aus: »Ich bitte dich um Vergebung. Ich verzeihe dir. Ich danke dir. Ich liebe dich. Auf Wiedersehen.« Die Perspektive, vom eigenen Tod her auf unser Leben zurückzublicken, im Wissen, versöhnt sterben zu wollen, kann Türen öffnen und uns milder stimmen. Wir können diesen Gedanken in das eigene Versöhnungsritual mit hineinnehmen und uns vorstellen, dass mit dem Versöhnungsritual ein Teil unseres alten, verletzten Ichs sterben darf, damit ein neues Ich geboren werden kann.

Am Ende aller Versöhnungsrituale kann eine rituelle Bekräftigung stattfinden, dass das Paar nun versöhnt ist. Das kann eine Umarmung, ein Handschlag, ein Geschenk, ein schönes Abendessen sein oder einfach der Satz: »Jetzt ist es wieder in Ordnung.«

Ein konkretes Versöhnungsritual ist uns schon im vorangegangenen Versöhnungsschritt begegnet. Im Folgenden werden weitere Versöhnungsrituale und -übungen beschrieben.

Vorbereitende Fragen für ein Versöhnungsritual[58]:

Was unterlasse ich, damit die Versöhnung mit meiner Partnerin besser geht? Was kann ich tun, damit sie besser gelingt? Wie können wir beide die Versöhnung boykottieren? Welche Worte, Handlungen, Rituale brauche ich, um die Verletzung zu überwinden und mich zu versöhnen? Was darf nicht passieren?

Imagination:
Versöhnliche Qualitäten in die Beziehung tragen

1. Gehen Sie in der Vorstellung zurück in eine verletzende Paarsituation. Was hat Ihnen da gefehlt (z. B. Verständnis, Gelassenheit, Ehrlichkeit …)? Fragen Sie sich dann: Wo haben Sie diese Qualität in anderen Situationen schon einmal erfahren? Bringen Sie diese Erfahrung in Ihrer inneren Vorstellung in die verletzende Situation ein, d. h. stellen Sie sich ganz konkret vor, dass Sie selbst die Qualität der Ehrlichkeit und der Gelassenheit ausstrahlen und in den problematischen Moment einbringen.
2. Imaginieren Sie jetzt, was Ihrem Partner in der verletzenden Situation gefehlt hat. Dies könnte z. B. konstruktive Offenheit oder eine friedliche Haltung sein. Fragen Sie sich: Wann haben Sie diese Qualität, die Ihr Partner vermisste, in Ihrem Leben schon einmal erfahren? Verbinden Sie sich tief mit dieser Erfahrung. Gehen Sie in der Vorstellung mit dieser Qualität zu Ihrem Partner und stärken Sie ihm den Rücken.
3. Schauen Sie auf die verletzende Situation aus einer Metaebene, d. h. etwa aus der Perspektive eines sehr weisen Menschen, von der göttlichen Ebene oder von Ihrer Sterbestunde aus oder einfach, als ob Sie ganz viel Abstand zu der Situation einnehmen könnten.
4. Schauen Sie innerlich auf eine zukünftige, vielleicht ähnliche Situation mit den Qualitäten der Gelassenheit, der konstruktiven Offenheit und des inneren Abstands und beobachten Sie, ob sich dadurch die Situation verändert.
5. Spüren Sie nach, ob Sie sich innerlich sagen können: »Ich erkenne, dass er ein guter Mann / eine gute Frau zu mir ist.«

Das folgende Versöhnungsritual von Revenstorf[59] zielt darauf ab, den eskalierenden Interaktionsmustern von Paaren in Verletzungs- und Kränkungssituationen entgegenzuwirken. Eine Kränkung reaktiviert zusätzlich den Schmerz alter Wunden. Um nicht noch mehr verletzt zu werden, holen wir aus Selbstschutz zum Gegenschlag aus und verletzen unsererseits jetzt den anderen. Dies wiederum verletzt den anderen, der entsprechend reagiert. Diesen Teufelskreis von Schlag und Gegenschlag gilt es zu unterbrechen.

Ein Versöhnungsritual

1. Der verletzte Partner erzählt zunächst, was genau ihn verletzt hat.
2. Der verletzte Partner spricht dann:
   • Es hat mich gekränkt, dass du …
   • Das war für mich …
   • Das löste bei mir aus …
3. Die verletzende Partnerin bezieht sich auf das Gesagte:
   • Ich sehe, dass es dich verletzt hat. Das war nicht meine Absicht.
   • Mir war eigentlich wichtig, dass …
   • Ich suchte Schutz vor …
   • Ich bitte dich darum, mir zu verzeihen.
4. Der verletzte Partner verzeiht, wenn das ihm möglich ist, oder er formuliert, was er braucht, um verzeihen zu können.

Die meisten Rituale drehten sich bisher darum, ein *Verhalten* zu verzeihen. Im folgenden Ritual wird der *Person* verziehen. Das verletzende Verhalten wird weder beschönigt noch wird angeklagt. Dadurch bleibt die Verantwortung für das Handeln bestehen, die Tat selbst wird nicht entschuldigt. Durch den bewussten Verzicht auf Ausgleich wird die Vergebung zu einem selbstbestimmten Akt, der die Würde der verletzten Person wiederherstellt. Als bewusste Entscheidung zielt die Versöhnung darauf ab, die eigenen, an der Verletzung festhaltenden negativen Gefühle bewusst loszulassen – um der Beziehung willen, des anderen und uns selbst. Der Akt der Vergebung öffnet für das Gute in der Beziehung.

Ein klassisches Versöhnungsritual

Das folgende Versöhnungsritual Ho'oponopono stammt aus dem Huna, einer Tradition des hawaiianischen Schamanismus. Der hawaiianische Begriff Ho'oponopono heißt übersetzt, etwas richtigzustellen und etwas wieder in Ordnung zu bringen. Die Haltung hinter dem Ritual ist, dass ich in mir selbst verzeihe, was ich in meiner Außenwelt wahrnehme, gerade auch wenn es um Verletzung geht.

Das Ritual besteht darin, vier Sätze auszusprechen, und diese innerlich mit Leben zu füllen. Wichtiger als die Worte ist das Erleben der inneren Haltung. Wiederholen Sie die Sätze laut. Im Idealfall sprechen beide Partner/innen diese Sätze nacheinander, also auch die verletzte Person. Denn vielleicht hat auch sie durch Unversöhnlichkeit oder eigene Anteile am Konflikt einen Teil der Verletzung mitbewirkt. Und wenn der Verletzung ein Streit vorausging, ist es ziemlich sicher, dass beide mehr oder weniger verletzt daraus hervorgehen. Die vier Sätze lauten:

- »Es tut mir leid, bitte verzeihe mir.«
- »Ich vergebe dir.«
- »Ich liebe dich.«
- »Ich danke dir.«

Der erste Satz »Es tut mir leid« kann sowohl von der verletzenden Person ausgesprochen werden als auch von der verletzten Person. Denn auch in ihr gibt es einen Leidaspekt, wenn sie unversöhnt oder unerbittlich bleibt. Spüren Sie einmal der Wirkung dieses Satzes in sich nach, wenn Sie ihn aussprechen. Vielleicht fühlen Sie beim dritten Satz die Liebe, die in Ihnen schwingt. Sprechen Sie nur die Sätze aus, zu denen Sie auch ehrlich stehen können. Eigentlich sprechen Sie diese Sätze nicht nur zu Ihrer Partnerin, sondern ebenso zu sich selbst. Spüren Sie nach, wie es sich anfühlt, wirklich zu vergeben sowie Liebe und Dankbarkeit auszudrücken.

Beispiel: Das Versöhnungsritual von Katie und Florian
Katie und Florian sind beide berufstätig und haben zwei Kinder. Obwohl beide in bester Absicht sind, sich die Verantwortung für die

Kindererziehung gerecht zu teilen und organisatorische Dinge in Ruhe zu planen, kommt es immer wieder zu nicht ausgesprochenem Streit. Beide schmollen tagelang, ziehen sich zurück, fühlen sich verletzt, reden nicht miteinander, fühlen sich frustriert und sehr unversöhnt. Beide spüren, wie ihre Kinder versuchen, den schwelenden Konflikt und die Sprachlosigkeit auszugleichen. Und beide sind sich einig, dass sie nicht bei der Sprachlosigkeit stehen bleiben und vor allem ihre Kinder nicht in diese unversöhnte Stimmung und Spannung hineinziehen möchten. Sie planen gemeinsam ein Versöhnungsritual in der Natur, das sowohl der Verletzung als auch der Versöhnung Raum gibt.

Gemeinsam gehen sie rituell über eine Schwelle in die Natur. Zu Beginn des Rituals vergewissern sie sich noch einmal des Fundaments der Liebe zwischen sich. Sie bestätigen einander ihr Wissen darum, dass Verletzungen zu ihrer Beziehung gehören und dass diese nur heilen können, wenn beide bereit sind, sie sich anzuschauen. Nach einem kurzen gemeinsamen Weg trennen sie sich, um den Ort für das eigene Ritual zu suchen. Sie lassen sich von Natursymbolen ansprechen, die sie anschließend dem anderen zeigen wollen. In dieser Zeit für sich allein fällt ihr Blick in der Natur auf viele Bäume mit Verletzungen und toten Ästen, die sie jeweils in die rituelle Gestaltung ihrer Versöhnung einbeziehen können.

Nachdem jeder seinen Ritualplatz gefunden hat und in der Zwiesprache mit der Natur zu einer Gestaltung eines Rituals gefunden hat, laden sie einander zum gemeinsamen Ritual ein. Zuerst führt Katie Florian zu der Wunde an einer Eiche, in der sich Wasser gesammelt hat. Damit berührt sie sein Gesicht. Anschließend geht sie mit Florian zu einem anderen Baum, der bereits abgestorben ist, und schüttelt diesen. Es fällt viel trockenes Holz herunter. Sie möchte symbolisch alles Abgestorbene und Tote abschütteln, sie denkt hierbei an Verletzungen, die zwischen ihnen geschehen sind.

Dann nimmt Florian Katie an die Hand und führt sie an einen Platz, auf dem eine große Kiefer steht, deren Stamm eine tiefe Kerbe hat. Dieser Riss soll ein Zeichen seiner tiefen seelischen Verletzung sein. Sie legen ihre Hände in den Riss, streicheln die Wunde und legen ihre Hände schützend aufeinander. Er führt ihre Hand zum Harz, das die Rinde entlangrinnt. Er sagt:»Meine Tränen sind deine Tränen – und deine Tränen sind meine Tränen.« Beide können die Verletzung innerlich spüren und fühlen sich im Sich-Anschauen schmerzlich, aber auch liebevoll miteinander verbunden. »Die Tränen heilen, die Wunden bleiben.« Zum Abschluss seines Ritualteils umarmt Florian Katie zusammen mit der großen und starken Kiefer.

Am Ende ihres Rituals gehen beide auf einen Hügel und sagen einander die vier Sätze der Versöhnung. Sie teilen ihre Erfahrungen miteinander. Mit dem Schritt zurück über die Schwelle beenden sie ihr Ritual. Beide fühlen sich danach beseelt und in liebevoller Versöhnung verbunden. Noch nach einigen Jahren ist ihnen dieses gemeinsame befreiende Ritual lebendig in Erinnerung.

9. Schritt: Sich damit versöhnen, dass nicht alles versöhnbar ist

Auch wenn wir immer wieder versucht haben, uns mit einer Verletzung oder Kränkung zu versöhnen, kann es sein, dass die Verletzungen zu groß und die Narben zu tief sind. Zugleich kann es auch emotional belastend sein, vergeben zu sollen, den Schmerz doch vergessen und es gut sein lassen zu sollen. Wenn Versöhnung trotz des bewussten Versuchs einfach nicht gelingen mag, brauchen wir uns nicht erneut schuldig zu fühlen, weil wir nicht vergeben können. Umso wichtiger ist es dann, Wege zu finden, nicht zu verbittern und die Lebensfreude nicht zu verlieren.

Ein Ausweg kann darin bestehen, uns damit zu versöhnen, dass etwas unversöhnbar bleiben darf. Wir erlauben uns, dass wir zum jetzigen Zeitpunkt nicht alles verschmerzen können. Diese Einsicht kann einen neuen, tiefen Frieden bringen. Im Wissen darum, dass das Leben immer wieder unerwartete Wendungen nimmt, dürfen wir mit dem Unversöhnbaren versöhnt sein. Wenn wir uns darin annehmen, haben wir an dem Gefühl der Versöhnung teil, auch wenn das Erlebnis selbst unversöhnt bleibt. Diese neue versöhnlichere Haltung kann uns von Bitterkeit befreien.

Eine Gefahr bleibt, dass sich die Beziehung durch das Nichtvergeben abkühlt und es zu einem mitunter unüberwindbaren Riss kommt. An dieser Stelle wird vielleicht auch die Frage relevant, ob wir mit dieser Wunde in der Beziehung weiterleben wollen oder ob vielleicht eine Trennung ansteht. Ist der Preis, den Sie zahlen, vertretbar? Manchmal müssen wir andere auch einmal verraten, um uns selbst treu zu sein, statt uns selbst in der Beziehung zu opfern. Roland Weber[60] hat in seinem Buch »Gehen oder bleiben?« Entscheidungshilfen beschrieben. Denn wenn eine Trennung im Raum steht, sind wir sowohl mit den gesellschaftlichen Konventionen als auch mit der eigenen Auffassung, vielleicht versagt zu haben, konfrontiert, und das macht die Entscheidung für eine Trennung schwer. Wir können uns jedoch bewusst machen – etwa wenn wir an Patchwork-Familien als Lernfelder denken –, dass auch eine Trennung wichtige Entwicklungsimpulse für alle Beteiligten ermöglichen kann.

Bleiben Paare trotz des Unversöhnbaren, das zwischen ihnen ist, zusammen, stellen sich vor allem zwei Fragen:

- Wie kann ich dem anderen trotzdem liebevoll begegnen?
- Kann ich anerkennen und mir dafür vergeben, dass ein Teil in mir nach wie vor unversöhnt ist?

Es ist wichtig, sich so gut es geht auch von den letzten Resten von Schuldgefühlen, die entstehen, weil wir uns ja immer noch nicht versöhnen können, zu befreien. Manchmal gibt es auch schlichtweg nichts zu versöhnen. Was passiert ist, ist passiert. Jegliche Versöhnung ändert nichts an der Tatsache, dass es passiert ist. Und manches ist prinzipiell nicht verzeihbar, wie Gewalt. Die Aufgabe besteht dann darin, dafür zu sorgen, dass die Verletzung nicht einen zentralen Raum im eigenen Leben einnimmt und das eigene Denken und Fühlen völlig besetzt. Sonst verletzen wir uns selbst immer wieder neu.

Wenn es Unversöhntes gibt und wir in der Beziehung bleiben wollen, gilt es, den Schmerz als Teil des Lebens ins Herz zu nehmen und sich ihm immer wieder mitfühlend zuzuwenden. Im Bedauern und Betrauern des Geschehenen finden wir einen Weg, trotz alledem wieder ins Leben und in die Beziehung zurückzufinden. Wir umarmen unsere Not und haben mit uns selbst Erbarmen. Wenn Sie möchten, können Sie die Übungen zum Selbstmitgefühl und zur Dankbarkeit regelmäßig wiederholen. Die Qualitäten Mitgefühl, Dankbarkeit, Wertschätzung und Mitfreude sind dabei hilfreiche Wegbegleiter.

Wenn der Partner nicht zur Versöhnung bereit ist – vielleicht, weil er gar nicht sieht, dass wir uns durch ihn verletzt fühlen –, kann Versöhnung auch nur für sich selbst geschehen. Ilonas Ritual zeigt, wie die Qualität der Wertschätzung unterstützen kann, mit dem Unversöhnbaren umzugehen.

Ein individuelles Wertschätzungsritual
Ilona ist mit ihrem Partner Mirko zehn Jahre zusammen, sie haben gemeinsam eine dreijährige Tochter.

Im Laufe der Jahre gab es immer wieder Streit. Dieser entzündete sich meistens daran, dass Mirko bei Feiern mit seinen Freunden übermäßig Alkohol trank und anschließend ihr gegenüber verbal sehr verletzend und entwertend wurde. Das brannte sich tief in ihre Seele ein.

Während sie am darauf folgenden Morgen jedes Wort noch haarklein wiedergeben konnte, hatte er keinerlei Erinnerung. Er warf ihr vor, sie würde lügen, übertreiben, dramatisieren, was sie noch mehr kränkte. Sie hatten kaum noch eine Basis, die Verletzungen zu heilen: Da er sich an nichts erinnerte, gab es für ihn nichts zu entschuldigen oder zu versöhnen. Sie erlebte ihn ohnehin als eher verschlossen, und nun hatte er auch noch diese Gedächtnislücken und stritt alles ab. Das machte für sie die Versöhnung fast unmöglich. Die verletzenden und unversöhnten Situationen häuften sich so an, dass sie an eine klare Grenze stieß. Sie überlegte, sich zu trennen.

Obwohl es viel Unversöhntes in Ilona gab, wollte sie der Beziehung auch ihrer Tochter zuliebe noch eine Chance geben. Sie entscheidet, trotz alledem zu versuchen, das Gute an ihrem Mann und ihrer jungen Familie zu sehen. Im Wissen darum, dass im Alltag gerade das Gute so schnell aus dem Blick gerät, will sie sich bewusst auf das Positive konzentrieren und damit ein Gleichgewicht zu den Schattenseiten ihrer Beziehung herstellen.

Sie entschließt sich, ein Familienwappen zu entwerfen, das all die guten und wertzuschätzenden Aspekte ihrer kleinen Familie und Partnerschaft repräsentiert und für die ganz eigene Zusammengehörigkeit als Familie steht. Während eines Ritualwochenendes gestaltet sie mit ihrem Wappen ein Ritual. Sie erzählt vor der Gruppe zu jedem Symbol des Wappens von den guten Seiten der Beziehung, von ihrer Liebe, und klebt dabei die Symbole auf ihr Familienwappen auf. In ihrem Ritual weint sie viel und kann doch klar bei ihrer Wertschätzung bleiben. Sie äußert ihre tiefe Wertschätzung, die sie ihrem Mann, sich selbst, ihrer Beziehung, ihrer Tochter und ihrer jungen Familie entgegenbringt. Die Gruppe bezeugt das, was sie gehört hat.

Zu den Symbolen im Wappen gehört z. B. eine Rose, die er am Anfang ihrer Beziehung regelmäßig an die Windschutzscheibe ihres Autos geklemmt hatte. Dies waren für sie bleibende Gesten der Liebe. Ein weiteres Symbol sind zwei ineinandergreifende Hände, die verdeutlichen sollen, dass sie im Alltag ganz vieles gemeinsam, ohne viele Worte darüber zu verlieren, gestalten können. Sie gehen Hand in Hand, ohne groß diskutieren zu müssen. Zwei Eheringe stehen für ihre wunderschöne Hochzeit und die gelungene Vorbereitung, mit der sich ihr Mann sehr viel Mühe gegeben hatte. Ein Magnet symbolisiert ihre gegenseitige Anziehungskraft. Sie würdigt, was sie trotz aller Unterschiedlichkeit miteinander verbindet. Zudem zeichnet sie einen Mann mit Baby auf dem Arm als Symbol, wie aktiv er sich als Vater einbringt, wie gut er sich um die Tochter kümmert und wie ausgleichend er oft ist. Für die gemeinsamen Wege, die auch einmal getrennt gehen dürfen, jedoch grundsätzlich in die gleiche Richtung führen, stehen Fußabdrücke. Sie schließt ihr Ritual mit dem Abbrennen von Wunderkerzen ab und genießt die magischen Momente darin.

Durch dieses Ritual findet Ilona ihre liebende Haltung zu ihrem Mann wieder. Das Positive kann wieder Platz bekommen. Nach ihrem Ritual zeigt sie ihrem Mann das Wappen, ohne es groß zu erklären. Als sich sein Verhalten nach ein paar Monaten wieder zuspitzt und sie den starken Wunsch nach Trennung in sich spürt, führt sie dieses Ritual der Wertschätzung in seinem Beisein noch einmal durch. Noch einmal erzählt sie, was sie mit den Symbolen verbindet und von ihren Gefühlen. Durch ihre Liebe und Wertschätzung, die im Wappen zum Ausdruck kommen und bezeugt werden, ist er sehr berührt und fühlt sich ihr wieder viel näher. Er verspricht ihr, im Alltag komplett auf Alkohol zu verzichten, was er auch noch nach mehreren Monaten einhält. Sie hängen das Wappen zu Hause gut sichtbar auf. Wann immer es schwierig wird, versucht sie, sich auf die Qualitäten zu besinnen, die sie durch ihr Ritual tief in sich verankert fühlt. Über Alltagsschwierigkeiten und ihre Gefühle können beide nach dem Ritual sehr viel besser miteinander reden.

Ein weiterer Weg, mit dem Unversöhnbaren umzugehen, besteht darin, einen versöhnlichen Brief an es zu schreiben.

Übung: Ein versöhnlicher Brief an das Unversöhnte in sich[61]

Notieren Sie, mit was Sie unversöhnt sind. Schreiben Sie all Ihre Gefühle auf, Ihre Angst, Trauer, Verzweiflung, Wut. Versuchen Sie, wirklich alle Gefühle, ohne Dramatisierung, ehrlich aufzuschreiben.

Schreiben Sie dann einen versöhnlichen Brief an den unversöhnten Teil in sich. Nehmen Sie dabei die Perspektive ein, als würde eine sehr liebevolle Freundin den Brief schreiben. Diese Freundin ist voller Akzeptanz, Wohlwollen und Mitgefühl Ihnen gegenüber. Sie weiß alles über Ihre dunklen und lichtvollen Seiten. Ihre Liebe ist bedingungslos, da sie alle Erlebnisse in Ihrem Leben kennt und die Freuden und Nöte auf Ihrem Lebensweg mit großer Weisheit begreift. Im Wissen darum, dass Sie sich viele Ihrer Lebensumstände nicht ausgesucht haben, würdigt sie Ihre Einzigartigkeit in jedem Verhalten und vergibt Ihnen.

Während Sie den Brief aus dieser mitfühlenden Perspektive verfassen, beschreiben Sie die Empfindungen und Gedanken dieser Freundin in Bezug auf Ihre unversöhnten Anteile. Richten Sie die bedingungslose Liebe und das tiefe Verständnis vor allem auf die verhärteten, bedauernden, wütenden, traurigen Anteile in Ihnen. Mit Gnade und Respekt erinnert Ihre Freundin Sie daran, dass Ihre Reaktionen ganz menschlich sind. Was würde Ihre Freundin Ihnen empfehlen, um damit versöhnt zu sein, dass etwas für Sie unversöhnbar ist? Was wünscht sie Ihnen?

Lesen Sie den Brief mit etwas Abstand noch einmal durch. Lassen Sie die versöhnliche Haltung tief in sich ankommen.

Unversöhntes bedauern – sich selbst vergeben

Ein Weg, mit dem Unversöhnbaren umzugehen, besteht darin, das Unversöhnte und Nichtgelungene zu bedauern und zu betrauern – gemeinsam oder alleine. In langjährigen Beziehungen wird es immer wieder Ereignisse geben, die es zu bedauern gilt. Die Erinnerungen bleiben präsent, sie können nicht in verschlossene Stuben oder Keller einfach weggepackt werden. Da braucht es manchmal einen Ort, wo sich die Trauer oder der Schmerz auch zeigen darf und gewürdigt wird.

Unversöhnbares in uns dreht sich erfahrungsgemäß darum, sich im Stich gelassen zu fühlen, Vertrauen zu verlieren, nicht angenommen zu sein, an sich oder anderen schuldig geworden zu sein und Zugehörigkeit verloren zu glauben. Sich ausgeschlossen zu fühlen ist für Menschen einer der tiefsten Schmerzen im Leben, die oft unversöhnliche Spuren im Leben hinterlassen. Unversöhntes schleppen wir oft jahrelang wie schwere Steine mit uns herum.

Eine Außenbeziehung z. B. wirkt oft unverzeihlich verletzend. Je nachdem, welche Vereinbarungen das Paar zum Thema Treue hat, scheint dennoch der nur exklusiv dem Partner vorbehaltene intime

Raum »verraten«. Oft ist zu beobachten, dass eine dritte Person in der Beziehung dann auftaucht, wenn ein Partner nicht mehr mit ganzem Herzen in der Liebe ist. Der oder die Dritte wird zum Auslöser, dass die Beziehung, die vielleicht vorher schon auf wackeligen Füßen stand, nun ganz offensichtlich zu scheitern droht.

Aber auch Familienmitglieder oder Freunde des Partners können in der Rolle des oder der Dritten agieren, durch den oder die die exklusive Intimität vorübergehend oder dauerhaft zerbrochen wird.

Auch, wenn es Unterschiede zur Außenbeziehung gibt, stellen sich dem Paar ähnliche Herausforderungen: »Wann immer eine Bedrohung für eine Beziehung auftaucht, versucht ein neuer und tieferer Zustand der Gnade ans Licht der Welt zu kommen, und beide Partner/innen müssen diesen Vorgang und all seine Geburtswehen akzeptieren, oder das Fundament der Intimität wird zerbrechen.«[62]

Beim folgenden Ritual geht es um einen Prozess des inneren Sortierens, der uns wieder mehr Klarheit in der Beziehung gewinnen lässt. Es ermöglicht sowohl, Gelungenes zu würdigen als auch Unversöhntes zu bedauern. Das Ritual kann alleine oder gemeinsam, zu Hause oder in der Natur oder auch einfach schriftlich durchgeführt werden.

Naturritual: Nichtgelungenes bedauern, Gelungenes würdigen[63]

Gehen Sie über eine rituelle Schwelle hinaus in die Natur. Lassen Sie sich treiben. Schauen Sie, ob ein bestimmter Ort Sie anzieht. Blicken Sie dort auf Ihre Beziehung zurück, ohne einer bestimmten Systematik zu folgen. Alle Erinnerungen, die auftauchen, können Sie symbolisch in drei Körbe sortieren. Die Körbe können Gegenstände aus der Natur sein.

In den ersten Korb legen Sie symbolisch alles, was in Ihrer Beziehung gut gelungen ist, wofür Sie dankbar sind und worauf Sie stolz sein können. Was haben Sie gemeinsam gut bewältigt, was hat sich erfüllt und ist abgeschlossen? Worum brauchen Sie sich nicht mehr zu kümmern?

Der zweite Korb wird gefüllt mit all dem, was in Ihrer Beziehung nicht mehr realisiert werden kann und deshalb ebenfalls abgeschlossen ist. Was ist noch nicht zu Ende gebracht, hat aber keine Chance, noch eingelöst zu werden? Hadern Sie damit? Nehmen Sie sich hier viel Zeit, um gemeinsam Ihren Abschied von unerfüllten Träumen, Plänen, Kinderwünschen, Projekten, Idealen zu finden. Was können Sie loslassen, was nicht? Welche neuen Geschichten können dadurch ins Leben kommen? Es kann sein, dass Sie feststellen, dass Sie noch mehr Zeit für Ihre Trauer benötigen.

Im dritten Korb sammeln Sie alles ein, was noch offen ist und zugleich noch eingelöst werden könnte. Welche Projekte, Visionen, Ideen warten noch auf Sie? Was davon könnte Sie in Ihrer aktuellen Beziehungsphase am meisten bereichern? Was können Sie konkret anpacken? Gibt es Visionen, für sich alleine oder als Paar, die Sie bereits schon zur Seite gelegt haben? Welche davon möchten Sie gerne wiedererwecken? Wie würde sich das auf Ihr Leben als Paar auswirken?

Betrachten wir ein weiteres Beispiel, wie Paare mit unversöhnten Verletzungen umgehen können.

Lena fühlt einen großen Schmerz in ihrer Ehe. Sie kann sich nicht damit versöhnen, dass ihr Mann Christian ihr die Versorgung der drei kleinen Kinder so wenig abnimmt. Sie fühlt sich alleingelassen, zu wenig unterstützt. Immer wieder komme es vor, dass Christian einfach gehe und sich in ihren Augen aus der gemeinsamen Verantwortung stehle. Sie fühlt sich zunehmend erschöpft, während er ihr »Opfer-Spiel« und ihre Forderungen kaum mehr erträgt. Am meisten unversöhnt ist Lena damit, dass ihr Mann während der schweren Krankheit ihres jüngsten Kindes drei Monate beruflich im Ausland war und es abgelehnt hatte, nach Hause zu kommen. In der Zeit, wo sie so viel im Krankenhaus war, gleichzeitig die beiden anderen Kinder versorgen und ihre beruflichen Termine einhalten musste, war sie fast in eine Burnoutkrise geraten.

Im Laufe ihres Versöhnungsprozesses erkennt Lena, dass sie sich selbst noch nicht vergeben hat, nachgegeben und nicht mutiger für sich gekämpft zu haben. Ein wichtiger Schlüssel im Versöhnungsprozess ist für sie, das wertzuschätzen, was ist. Selbst wenn sie den alten Schmerz nicht versöhnen kann, möchte sie ihren Eigenanteil daran wiedergutmachen. Dies gelingt ihr, indem sie sich ein Versprechen für die Zukunft gibt: »Ich bin eine Frau, die ihre Bedürfnisse ernst nimmt und für sie einsteht.« Sie lernt, ihr Leben als Mutter wieder zu lieben, offener und erwartungsfreier im Kontakt mit Christian zu sein.

Indem wir unsere Ängste und Bedürfnisse anerkennen, wird es möglich, die eigene Unvollkommenheit als Frau, als Mann, als Vater, als Mutter anzunehmen. Wir können uns trotz unserer Schwächen immer wieder fragen: Was habe ich zu geben? Und auch wenn nicht alles versöhnbar ist – wir dürfen trotzdem leben und lebendig sein. Diese Erlaubnis können vielleicht nur wir selbst uns geben.

Wie wir an Lenas Beispiel gesehen haben, ist die Hinwendung zu Selbstliebe und Selbstfürsorge ein möglicher Weg, mit dem Unversöhnten heilsam umzugehen. Sich selbst zu lieben, ist für viele Menschen immer wieder eine Herausforderung, die mal mehr, mal weniger gelingt. Auch hier ist eine liebevolle und nachsichtige Haltung sich selbst gegenüber entscheidend.

Übung: Selbstversprechen für die Selbstliebe und Selbstfürsorge

Geben Sie sich rituell das Versprechen, sich auch mit Ihren unversöhnten Seiten zu lieben. Finden Sie einen Satz, der dies für Sie auf den Punkt bringt, wie z. B.: »Ich verspreche, mich selbst bedingungslos zu lieben«, »Ich übe, meine unversöhnten Seiten liebevoll anzunehmen«, oder: »Ich verspreche mir, für mich selbst gut zu sorgen.« Prüfen Sie, ob die Formulierung »Möge ich …« statt »Ich verspreche …« für Sie stimmiger ist: »Möge ich mich mit meinen unversöhnten Seiten voll und ganz annehmen.«

Es gibt viele Möglichkeiten, dieses Versprechen zu bekräftigen: Sie können Ihren persönlichen Satz täglich mehrfach laut aussprechen, ihn in Ihrer Hosentasche tragen, ein Naturritual dazu machen, ihn vor Ihnen bedeutsamen Menschen veröffentlichen oder ihn an Ihren Spiegel schreiben.

10. Schritt: Liebevoll auf sich selbst und den anderen blicken

»Die Liebe ist das, womit wir geboren sind. Die Angst ist das, was wir hier gelernt haben. Die spirituelle Reise bedeutet das Aufgeben der Angst und das Wiederannehmen der Liebe in unserem Herzen. Liebe ist eine essentielle, existentielle Tatsache. Sie ist unsere tiefste Wirklichkeit und unser Sinn auf Erden. Sich ihr bewusst gewahr zu sein, sie in uns selbst und anderen zu erfahren, das ist die Bedeutung des Lebens.«[64] Diese Worte von Marianne Williamson ermutigen uns am Ende des Versöhnungsprozesses dazu, die Liebe trotz aller Angst und Verletzung wieder anzunehmen. Im letzten Schritt geht es darum, sich die Liebe im Herzen zurückzuerobern, indem wir den liebevollen Blick auf uns selbst und den anderen richten und unsere tiefere Verbundenheit nähren.

Diese innere Haltung fällt leichter, wenn wir uns zu einem größeren Gefühl der Liebe und des Geliebtseins hinwenden, mögen wir es Schöpfungsliebe, Selbstheilungskraft, das Göttliche oder Spirituelle nennen. Angebunden an diese größere Kraft können wir uns dafür öffnen, dass Heilsames in unserer Beziehung erfahrbar wird.

Wie wir gesehen haben, ist die verlorene Verbundenheit mit dem größeren Ganzen eine große Wunde in Paarbeziehungen. Es ist, wie wenn sich in der Liebe zwei Tropfen begegnen, die daraufhin denken, sie hätten endlich das Meer gefunden. In der Liebesbeziehung scheint sich dieses grundlegende Gefühl der Verlorenheit, des Abgetrenntseins und Isoliertseins aufzuheben, was sich aber als Illusion entpuppt und Leid nach sich zieht.

Im Kern geht es vielmehr darum, aus der eigenen Verbundenheit mit dem »Meer«, der Quelle des Lebens, heraus lieben zu lernen. Das entbindet den Partner, für das Gefühl der großen Liebe zuständig zu sein, und befreit uns von einer falsch verstandenen gegenseitigen Abhängigkeit. So können wir uns auch einander in der Verbundenheit nähren, statt uns aus einer Verlorenheit heraus zu überfordern und dann letztlich doch nicht retten zu können.

Hinwendung zum Geliebtsein und zur Liebe

Genau genommen können wir die Liebe weder verlieren noch von ihr verlassen werden. Wenn die Liebe das größere Ganze umfasst, könnten wir jederzeit in das umfassendere Gefühl des Geliebtseins eintauchen.

In einer Therapie äußerte Jonas seine Not, dass er sich von seiner Frau Heike nicht geliebt fühle. Auf vielerlei Weise versuchte er – durchaus leidvoll – ihr Liebesbeweise abzuringen. Nach einer Weile erkannte Jonas, dass die viel wichtigere Frage für ihn war, ob er sein göttliches Geliebtsein spüre. Dann kam die zweitwichtigste Frage, die er eher als Aufgabe auffasste: Liebte er sich selbst genauso, wie Heike ihn seiner Vorstellung nach lieben sollte? Seine dritte Frage war, ob er Heike denn ebenso liebte, wie er geliebt werden wollte. Als er diesen Fragen nachging, löste sich sein bedürftiges Ringen um Geliebtwerden auf. Die Frage, wie sehr Heike ihn liebte, war fast nebensächlich geworden.

Mit dieser Erkenntnis kann eine Beziehung zur spirituellen Praxis werden. Paare können ihre ganz eigene Art finden, sich dem Göttlichen zu öffnen und mit der Schöpfung in Dialog zu treten. Dieses Gefühl der Verbundenheit mit dem größeren Ganzen, der Liebe, kann dann auch über schwierige Paarzeiten hinwegtragen. Damit verblassen die Gefühle des Getrenntseins.

Finden beide Partner Wege, sich der Verbundenheit mit ihrer spirituellen Quelle zu widmen, können sie das Bedürfnis, bedingungslos und möglichst immer in gleicher Intensität geliebt zu werden, vom Partner ablösen. Stattdessen richten sie es auf ihre spirituelle Quelle.

In der Alltagsbegegnung können beide eine Praxis der Achtsamkeit üben, indem sie bei Streit und krisenhaften Situationen möglichst wenig anhaften und innerlich mit dem größeren Ganzen verbunden bleiben. Sie kommunizieren ihre Bedürfnisse klar und sind sich bewusst, dass der andere frei in seiner Reaktion ist. Diese Form von spiritueller Bewusstheit in der Partnerschaft zu leben, bedeutet auch, auf Urteile zu verzichten und das wahre Wesen der Partnerin mehr und mehr zu erkennen. Wir begeben uns so in ein Feld der Erkenntnis statt des Reagierens. Damit gestalten wir einen Raum liebevoller Präsenz, achtsamer Gegenwärtigkeit und erlauben unserer Partnerin, sie selbst zu sein.

Die folgende Übung dient dazu, die Quellen der Verbundenheit zu stärken. Manche Perspektiven in den Übungen mögen vielleicht ungewöhnlich sein. Es sei daher noch einmal ausdrücklich betont, dass das Fragen nach dem Sinn von Verletzungen und Versöhnung aus spiritueller Sicht auf keinen Fall Gewalt in Beziehungen rechtfertigen, verharmlosen oder beschönigen will.

Übung: Sich Quellen der Kraft und Verbundenheit öffnen

Verbinden Sie sich zu Beginn des Rituals mit einer größeren spirituellen Kraft, an die Sie glauben: mit Gott, einem Schutzengel, mit Mutter Erde, der Natur oder einfach mit dem großen Ganzen, dem lebendigen Leben.

Erinnern Sie sich dann an die Wunde, Verletzung oder Kränkung, die Sie in der Versöhnung heilen wollen. Halten Sie diese Wunde symbolisch ans »Licht der Liebe«. Dazu können Sie z. B. eine Kerze zum Symbol Ihres Liebeslichts entzünden. Sie können das, was verletzt hat, auch auf einen Zettel schreiben und diesen rituell im Feuer ihrer Liebe verbrennen. Alternativ können Sie imaginär die Verletzung in die Sonne oder zum Himmel halten und sich vorstellen, dass von den Lichtquellen Helligkeit, Freundlichkeit, Liebe und Heilung zu ihrer Wunde strömt.

Tauschen Sie sich gemeinsam zu folgenden Fragen aus:
- Wozu könnte die Verletzung trotz allem von höherer Warte aus gesehen gut gewesen sein?
- Angenommen, es war etwas Gutes, das Gott oder die spirituellen Kräfte dadurch in unser Leben bringen konnten: Wovor haben sie uns auf diese Weise vielleicht geschützt oder gewarnt? Wozu haben sie uns herausgefordert? Was haben sie uns verdeutlicht?
- Welche Kraft ist durch die Verletzung und ihre Heilung in der Versöhnung in unsere Beziehung gekommen? Was würde das Göttliche dazu sagen?

- Was sind die Quellen unserer Kraft? Was bedeutet das für unser Leben im Alltag?

Beenden Sie das Ritual mit einem Dank für die gemeinsame Erfahrung. Wenn Sie möchten, feiern Sie Ihre Verbundenheit.

Sinnquellen erschaffen und gemeinsam leben

In der Kultur der Dagara gibt es die Idee, dass Menschen in diesem Leben eine bestimmte Aufgabe erfüllen, was entscheidend dafür ist, mit wem sie eine intime Bindung eingehen. Ausschlaggebend ist, ob die Lebensziele der Partner in derselben Richtung liegen. Dann kann ein Paar in Harmonie leben.

Diese gemeinsame Lebensausrichtung ist auch in unserem Kulturkreis bedeutsam. Jellouschek[65] empfiehlt Paaren, sich gemeinsame Sinnquellen zu erschließen. Partner in Beziehungen brauchen etwas verbindendes Drittes, das sie gemeinsam inspiriert und bereichert. Die Familie und Kinder können diese sinnstiftende Aufgabe nicht allein erfüllen.

Einen verbindenden Lebenssinn können sich Paare erschließen, indem sie sich gemeinsam für etwas engagieren, das für beide wertvoll und wichtig ist. Das können bestimmte Interessen, Hobbys, ein soziales oder kirchliches Engagement oder eine gemeinsame spirituelle Praxis sein.

Sinnerfüllend können auch gemeinsame Bilder der Zukunft sein, die das Paar entwirft. Dies eröffnet neue Perspektiven für die Entwicklung der Beziehung. Auch die Vergangenheit kann zu einer Quelle von Sinn werden: Über den Austausch und durch das Wiedererzählen der gemeinsamen Geschichte und der Würdigung des gemeinsam Erlebten kann das Paar Sinn erleben. Sinnquellen wirken der Gewöhnung und dem Trott entgegen und ermöglichen den liebevollen Blick auf uns selbst und unseren Partner.

Heilige Beziehungsräume schaffen

Auch im Alltag ist es für Paare von Bedeutung, heilige Beziehungsräume zu gestalten. Damit beugen sie letztlich Verletzungen vor, die aus dem Gefühl des Abgetrenntseins entspringen. Rituale sind eine sinnvolle Möglichkeit, die Verbindung miteinander und mit den spirituellen Kräften zu stärken.

Was immer sie rituell gestalten: Achten Sie darauf, einen geheiligten Beziehungsraum zu schaffen, in dem sie offen füreinander sein und sich auf das eigenständige Wesen Ihres Gegenübers einlassen können. Dafür benötigen Sie ein Minimum an ungestörter Zeit sowie kleine Anker, die eine besondere Atmosphäre herstellen wie das Entzünden einer Kerze, eine bestimmte Musik, ein Lieblingsduft, Blumen, ein stimmungsvolles Licht, eine besondere Kleidung oder liebevolle, rituelle Handlungen.

Ritual: Einen Ort des Friedens und der Versöhnung schaffen[66]

Richten Sie sich in einem Zimmer, in Ihrem Garten oder in der Natur einen Platz ein, der für Frieden und Versöhnung steht. Schmücken Sie diesen Ort mit Symbolen des Friedens und der Versöhnung, wie einer weißen Fahne, einem Regenbogen, einem Handschlag, einer Taube. Die Gestaltung an sich ist bereits ein Ritual. Vereinbaren Sie eine Art Codewort oder eine Geste, mit der der Ort betreten werden darf.

Legen Sie an diesen Ort auch eine Art Notfallkoffer mit wichtigen Erkenntnissen oder Tipps für schwierige Situationen bereit. Überlegen Sie dazu, wie Ihnen Versöhnung gelungen ist. Schreiben Sie dies auf Kärtchen und legen Sie diese in eine Schatztruhe oder in den Notfallkoffer. Sie können auch eine Art »Bedienungsanleitung für Konfliktsituationen« aufschreiben und in die Schatztruhe legen. Darin beschreiben Sie, was hilfreich im Umgang miteinander in verletzenden Situationen ist, was beide Partner bei einer Verletzung brauchen.

Besuchen Sie diesen Ort regelmäßig alleine oder gemeinsam.

Übung: Die Zukunft entwerfen[67]

Erzählen Sie sich Ihre Zukunftsentwürfe, die Sie für sich als Paar sowie für sich alleine haben. Welche Visionen hatten Sie früher? Welche Visionen haben Sie bereits verabschiedet? Gibt es Visionen, die Sie gerne zum Leben erwecken würden? Welche Auswirkungen hätte das auf Ihr Leben? Welchen Gewinn, welchen Verlust hat es für Sie, keine Vision zu haben? Was möchten Sie tun, um Ihre Visionen Wirklichkeit werden zu lassen? Welche Rolle spielt dabei Partnerschaft und Partnerin? Wie können Sie sich gegenseitig unterstützen bei der Umsetzung der Vision?

Weitere Anregungen für kleine Paarrituale, die sich im Alltag gut umsetzen lassen, sind:

- Schaffen Sie sich einen Beziehungsaltar: Gestalten Sie gemeinsam in Ihren Räumen oder in der Natur einen heiligen, rituellen Ort, der für Ihre Beziehung steht. Bringen Sie bedeutsame Beziehungssymbole sowie Fotos von sich als Paar dorthin mit. Setzen Sie sich regelmäßig gemeinsam oder alleine für einige Minuten vor den Altar und fühlen Sie die Verbundenheit und Liebe.
- Den »Verliebungstag« feiern: Erinnern Sie sich an den Tag, an dem Sie sich ineinander verliebt haben, oder an ein bedeutsames Datum Ihrer Liebe. Feiern Sie diesen Tag, indem Sie etwas Besonderes unternehmen, das für Sie beide verbindend ist.
- Ein Beziehungstagebuch führen: Schreiben Sie in ein gemeinsames Tagebuch regelmäßig auf, was Ihnen als Paar gut gelungen ist, Freude gemacht hat, was Sie schätzen an Ihrem Partner.
- Räume für Intimität schaffen: Überlegen Sie, was Ihnen beiden guttut und was Sie beide gerne tun, um Ihre Verbundenheit und Intimität zu erleben. Schaffen Sie sich Zeiten und Räume, die Ihre Intimität fördern. Das können Zwiegespräche, gemeinsames Baden, Spazierengehen, ein-

ander Massieren sein. Begreifen Sie Ihr Intimleben wie eine
»Vereinigung mit dem Heiligen«[68].

- Gedenken Sie regelmäßig gemeinsam Ihrer Liebe. Suchen
Sie Orte auf, an denen Sie früher Ihre Verbundenheit und
Ihre tiefe Liebe gespürt haben.
- Unterstützen Sie sich gegenseitig bei Ihren Projekten, Visionen und Alltagsaufgaben.

Sich erneut das Ja-Wort geben

Am Ende eines langen Versöhnungsprozesses kann es sein, dass
Paare sich erneut das Ja-Wort geben möchten. Einige heiraten – symbolisch – ein zweites Mal, andere feiern eine rituelle Hochzeit, wieder andere Paare schenken sich neue Ringe mit dem Versprechen,
noch einmal neu Ja zueinander zu sagen. Andere Paare wiederum
erneuern ihr Ja-Wort für ein weiteres Jahr.

Sobonfu Somé hat mehrere Erneuerungsrituale für Paare in der
Tradition der Dagara beschrieben.[69] Regelmäßig die Beziehung
rituell zu erneuern und den intimen Raum zu reinigen, ist in dieser
Tradition ein unabdingbarer Bestandteil, damit nicht aus kleinen
Verletzungen ein großer Schaden für das Paar und damit für die
Gemeinschaft entsteht. Ein Ritual hatten wir bereits kennengelernt.
Es besteht darin, sich an den Anfangsfunken und die Beweggründe,
die das Paar zusammenkommen ließen, zu erinnern und sich darin
rituell zu bestätigen.

Ritual: Sich erneut das Ja-Wort geben

Schaffen Sie einen besonderen, zeremoniellen Rahmen. Vielleicht gibt es besondere Blumen oder besondere Symbole, die
Sie einander überreichen möchten. Geben Sie sich in diesem
Ritual gegenseitig ein neues Versprechen. Schreiben Sie dieses
Versprechen an Ihre Partnerin in einem Brief vorher auf. Lesen
Sie ihr diesen Brief mit Ihrem Versprechen während des Rituals zum ersten Mal vor. Lassen Sie sich umgekehrt ihr Versprechen an Sie vorlesen.

Überlegen Sie gemeinsam, wozu Sie sich Ihr Ja-Wort geben

wollen. Erneuern Sie es dann füreinander. Binden Sie sich erneut bewusst, lassen Sie sich neu aufeinander ein. Diese Bindung können Sie symbolisieren, indem Sie sich z. B. in eine Decke oder ein Tuch einwickeln. Sie können auch vertraute Menschen zu diesem Ritual einladen.

Neben der Verbundenheit mit dem größeren Ganzen und der Zweierverbundenheit ist es für Paarbeziehungen ebenso wichtig, die soziale Verbundenheit zu pflegen und sich darin auch in Krisenzeiten aufgehoben zu fühlen. Denken Sie daran, sich als Paar nie selbst genug zu sein. Intensive Klärungs- und Versöhnungszeiten können Partner sonst von anderen Menschen isolieren. Zu oft sind Krisen und ihre Bewältigung in unserer Kultur eine ganz persönliche Sache, die hinter verschlossenen Türen stattfindet.

In gemeinschaftsorientierten Kulturen gehört es dagegen dazu, die Gemeinschaft in klärende Prozesse bei Beziehungsschwierigkeiten einzubinden. Denn letztlich hat auch das ganze soziale Netz etwas davon, wenn Unversöhntes und Groll zwischen Paaren befriedet werden kann. Ein zerstrittenes Paar kann sonst im sozialen Umfeld viel Unfrieden und Loyalitätskonflikte stiften. Zudem kann es ein tief heilsamer Akt für alle sein, den Versöhnungsprozess eines Paares aus dem eigenen Umfeld zu bezeugen oder zu begleiten. Es fördert den liebevollen Blick aller Beteiligten auf unser Menschlichsein.

Last but not least: Sich zu versöhnen und Frieden zu schließen, geht Hand in Hand damit, sich dem Leben und seinem Wirken in uns zutiefst anzuvertrauen. Das Leben fordert uns immer wieder zur Demut heraus, indem es seine ganz eigenen Wege mit uns geht. Für die Kräfte und Dynamiken des Lebens, die stärker sind als wir, werden wir wohl immer ein wenig zu klein sein. Indem wir uns versöhnen, wachsen wir über uns selbst hinaus und leben die Hingabe ans Leben und an das größere Ganze.

Ausblick und Dank

Neulich, in einem Seminar über Versöhnung, bedauerte eine Frau vor allem einen Fehler, den sie in ihrem Leben gemacht hatte: »Inzwischen sind schon so viele Menschen, die mir viel bedeutet haben, gestorben. Und ich habe versäumt, ihnen meine Liebe zu schenken. Erst jetzt werde ich so sehr von Liebe überflutet – und ich kann sie all diesen Menschen gegenüber gar nicht mehr ausdrücken.« So wünsche ich uns, dass wir trotz aller Verletzungen immer wieder Wege finden, unseren Nächsten unsere tiefe Liebe zu schenken.

Dieses Buch wäre ohne den Glauben an die Liebe und ohne die Menschen, deren Geschichten ich hier erzählen durfte, nicht entstanden. Sie haben mich durch ihr Vertrauen und ihr mutiges Ringen, sich wieder zu versöhnen und dadurch gemeinsam zu wachsen, gelehrt, wie Versöhnung gelingen kann.

Mein größter Dank gebührt meinen Eltern. Durch ihre besondere Lebensgeschichte und ihre ungewöhnliche, interkulturelle Liebe erhielt ich früh tiefe Einsichten, wie notwendig Versöhnung ist.

Die Entstehung eines Buches hat vor allem auf die Nahestehenden Auswirkungen. So danke ich meinem Partner Michael für seine liebevolle Unterstützung in alltäglichen Dingen, meiner Schwester Sara für ihre bedingungslose Liebe, meinen Freundinnen und Freunden Ulrike, Ulf, Regine und LuciAnna für ihren Zuspruch und ihre Ermutigung und den Menschen meiner Lebensgemeinschaft für ihre Geduld und ihr Verständnis.

Auch danke ich meiner Lehrerin Meredith Little, die mich in ihren Seminaren inspiriert, berührt und bereichert hat, Versöhnung in der Verbundenheit mit den großen Zyklen des Lebens und der Natur zu begreifen. Anne-Maria Apelt hat das Manuskript mit Achtsamkeit, Liebe und großem Verstand gelesen und mir hilfreiche Rückmeldungen gegeben. Meiner Lektorin Christiane Neuen gilt mein herzlichster Dank. Sie hat die Entstehung des Buches auch diesmal mit viel Feingefühl, Verlässlichkeit und einem scharfsinnigen Blick begleitet. Es war eine glückliche und interessante Fügung, dass wir zur gleichen Zeit mit derselben Idee für ein gemeinsames Buchprojekt schwanger gingen: Versöhnung!

Anhang

Anmerkungen

1 Bonhoeffer, Dietrich: Widerstand und Ergebung. Briefe und Aufzeichnungen aus der Haft. Kaiser, Gütersloh 1998, S. 492.

2 Vgl. von Scheve, Christian: Rache allein bringt nichts. In: Gehirn und Geist Nr. 11, 2014, S. 40 f.

3 Vgl. Hoffmann, Anne: Ein Herz für Sünder. In: Gehirn und Geist Nr. 11, 2014, S. 37.

4 Vgl. ebd., S. 36.

5 Die Namen und alle weiteren personenbezogenen Details wurden zum Zweck der Anonymisierung verändert.

6 Rilke, Rainer Maria: Wie soll ich meine Seele halten. Liebesgedichte. Insel, Frankfurt am Main 1994.

7 Somé, Sobonfu: Die Gabe des Glücks. Rituale für ein anderes Miteinander. 4. Aufl. Orlanda, Berlin 2007, S. 53.

8 Rilke, ebd.

9 Richter, Dolores: Was ist der weibliche Beitrag zu einer neuen Liebeskultur? Vortragsmanuskript »Symposium für eine neue Liebeskultur«, Sept. 2012, www.kreacom.org

10 Schnarch, David: Intimität und Verlangen. Sexuelle Leidenschaft in dauerhaften Beziehungen. Klett-Cotta, Stuttgart 2011, S. 135.

11 Somé, Die Gabe des Glücks, S. 16.

12 Vgl. auch Sprenger, Reinhard: Vertrauen führt. Worauf es im Unternehmen wirklich ankommt. Campus, Frankfurt am Main 2002.

13 Vgl. Heisig, Marascha Daniela: Sinn finden in der Natur. Heilsame Rituale für Lebensübergänge. Patmos, Ostfildern 2013.

14 Vgl. Jellouschek, Hans: Paartherapie. Damit die Liebe bleibt. Kreuz, Freiburg im Breisgau 2014, S. 28.

15 Vgl. Bögle, Robert / Heiten, Gesa: Räder des Lebens. Orientierungsmodelle für tiefe Transformation. Drachenverlag, Klein Jasedow 2015.

16 Vgl. Jellouschek, Paartherapie, S. 28 f.

17 Vgl. Juul, Jesper: Aus Stiefeltern werden Bonuseltern. Chancen und Herausforderungen für Patchwork-Familien. Kösel, München 2011.

18 Zu Beziehungsmustern vgl. auch Heisig, Daniela: Wandlungsprozesse durch die therapeutische Beziehung. Die Konstellation und Neuorganisation von Komplexmustern. Psychosozial-Verlag, Gießen 1999.

19 Vgl. Jung, C. G.: Gesammelte Werke Bd. 9/II, § 293.

20 Vgl. Kast, Verena: Paare. Wie Phantasien unsere Liebesbeziehungen prägen. Herder, Freiburg im Breisgau 2015; Heisig, Daniela: Anima und Animus als Paar. In: Jung-Zeit 6, 2001, S. 14–19.

21 Richter, Was ist der weibliche Beitrag zu einer neuen Liebeskultur?

22 Vgl. ebd., S. 1.
23 Vgl. ebd., S. 2.
24 Vgl. Macy, Joanna / Young Brown, Molly: Die Reise ins lebendige Leben. Strategien zum Aufbau einer zukunftsfähigen Welt. Jungfermann, Paderborn 2003.
25 Richter, Was ist der weibliche Beitrag zu einer neuen Liebeskultur?, S. 4
26 Schwarz-Schilling, Alexandra: Die Polarität der Geschlechter – Beziehungen zwischen alten Wunden und neuen Perspektiven. Vortrag, gehalten am 17.1.2012. http://www.maenner-kongress.de/images/PDFs/Polaritaet-der-Geschlechter_Schwarz-Schilling.pdf. Schwarz-Schillings Modell basiert auf dem Magnetstabmodell von Diana Richardson, dem Urwissen indigener Völker und dem Yin-Yang-Prinzip.
27 Vgl. ebd.
28 Vgl. ebd.
29 Möller, Michael Lukas: Die Wahrheit beginnt zu zweit. Das Paar im Gespräch; Die Liebe ist das Kind der Freiheit. Sonderausgabe. Rowohlt Taschenbuch, Reinbek bei Hamburg 2011.
30 Angelehnt an: Somé, Die Gabe des Glücks, S. 76 f.
31 Inspiriert von: Nidiaye, Safi: Herz öffnen statt Kopf zerbrechen. Ullstein, München 2002, S. 119.
32 Vgl. Heisig, Sinn finden in der Natur.
33 Angelehnt an eine Übung von Meredith Little in einem Workshop über »Reconciliation, Apology, and Forgiveness«.
34 Vgl. auch Langlotz, Christel / Bingel, Bela: Kinder lieben Rituale. Kinder im Alltag mit Ritualen unterstützen. Ökotopia, Münster 2008, S. 112–122.
35 Reisch, Elisabeth / Bojanowski, Eberhard: Beziehungsglück. Die Kraft der Großzügigkeit. Klett-Cotta, Stuttgart 2010.
36 Variiert nach: ebd., S. 54.
37 Neff, Kristin: Selbstmitgefühl. Wie wir uns mit unseren Schwächen versöhnen und uns selbst der beste Freund werden. Kailash, München 2012.
38 Angelehnt an: ebd., S. 29 f.
39 Angelehnt an: ebd., S. 160 f.
40 Modifiziert nach: ebd., S. 294 und 299 f.
41 Inspiriert von einem Workshop von Meredith Little über »Reconciliation, Apology, and Forgiveness«.
42 Klassische Übung für den Westen im Medizinrad, in der Tradition der School of lost borders, vgl. Heisig, Sinn finden in der Natur, S. 95.
43 Reisch/Bojanowski, Beziehungsglück, S. 55-57.
44 Angelehnt an: Schindler, Margarethe: Heute schon geküsst? Paare brauchen Rituale. Herder, Freiburg im Breisgau 1997, S. 47.
45 Inspiriert von: Richter, Was ist der weibliche Beitrag zu einer neuen Liebeskultur?
46 Grün, Anselm: Menschen führen – Leben wecken. dtv 2006, S. 77.
47 Diese Übung ist inspiriert von einem Workshop bei Astrid Brinck zum Thema »Authentic being – male power«.

48 In Anlehnung an: Schindler, Heute schon geküsst, S. 49 f.
49 Vgl. Jellouschek, Hans: Liebe auf Dauer. Die Kunst, ein Paar zu bleiben. Vortrag. Auditorium. Jokers edition 2007.
50 Nach: Jellouschek, Hans: Wie Partnerschaft gelingt. Spielregeln der Liebe. Herder, Freiburg im Breisgau 1998, abgedruckt in: Weber, Roland: Gehen oder bleiben? Entscheidungshilfe für Paare. Klett-Cotta, Stuttgart 2010, S. 171.
51 Rosenberg, Marshall: Gewaltfreie Kommunikation. Eine Sprache, die das Leben bereichert. Junfermann, Paderborn 2004.
52 Vgl. Weber: Gehen oder bleiben?, S. 64.
53 Frei nach: Reisch/Bojanowski, Beziehungsglück, S. 130 f.
54 Inspiriert aus einem Workshop von Meredith Little zum Thema »Reconciliation, Apology, and Forgiveness«.
55 Vgl. Jellouschek, Liebe auf Dauer.
56 Vgl. Hoffmann, Ein Herz für Sünder, S. 36.
57 Vgl. Jellouschek, Liebe auf Dauer.
58 Vgl. El Hachimi, Mohammed / Stephan, Liane: Paartherapie. Bewegende Interventionen. Carl-Auer, Heidelberg 2012, S. 169 f.
59 Vgl. Revenstorf, Dirk: Die geheimen Mechanismen der Liebe. Klett-Cotta, Stuttgart 2008.
60 Weber, Gehen oder bleiben?
61 Inspiriert von: Neff, Selbstmitgefühl, S. 29 f.
62 Somé, Die Gabe des Glücks, S. 63.
63 Mündlich von Haiko Nitschke überliefertes Ritual.
64 Williamson, Marianne: Rückkehr zur Liebe. Harmonie, Lebenssinn und Glück durch »Ein Kurs in Wundern«. Goldmann, München 2016, S. 20.
65 Jellouschek, Liebe auf Dauer.
66 Nach Langlotz/Bingel, Kinder lieben Rituale, S. 122.
67 Inspiriert von: El Hachimi / Stephan, Paartherapie, S. 239.
68 Somé, Die Gabe des Glücks, S. 70.
69 Vgl. ebd.

Literatur

Bögle, Robert / Heiten, Gesa: Räder des Lebens. Drachenverlag, Klein Jasedow 2014.

El Hachimi, Mohammed / Stephan, Liane: Paartherapie. Bewegende Interventionen. Carl-Auer, Heidelberg 2012.

Grün, Anselm: Menschen führen – Leben wecken. dtv, München 2006.

Heisig, Daniela: Anima und Animus als Paar. In: Jung-Zeit 6, 2001, S. 14–19.

Heisig, Daniela: Wandlungsprozesse durch die therapeutische Beziehung. Die Konstellation und Neuorganisation von Komplexmustern. Psychosozial, Gießen 1999.

Heisig, Marascha Daniela: Sinn finden in der Natur. Heilsame Rituale für Lebensübergänge. Patmos, Ostfildern 2013.

Hoffmann, Anne: Ein Herz für Sünder. In: Gehirn und Geist 11, 2014, S. 34–39.

Jellouschek, Hans: Paartherapie. Damit die Liebe bleibt. Kreuz, Freiburg im Breisgau 2014.

Jellouschek, Hans: Wie Partnerschaft gelingt – Spielregeln der Liebe. Herder, Freiburg im Breisgau 1998.

Jellouschek, Hans: Liebe auf Dauer. Die Kunst, ein Paar zu bleiben. Vortrag. Auditorium. Jokers edition, Müllheim 2007.

Jung, C. G.: Gesammelte Werke (GW). 20 Bde. Hg. von Jung-Merker, L. / Rüf, E. / Zander, L. et al. Sonderausgabe. Edition C. G. Jung im Patmos Verlag, Ostfildern 2011.

Kast, Verena: Paare. Wie Phantasien unsere Liebesbeziehungen prägen. Herder, Freiburg im Breisgau 2015

Katie, Byron / Katz, Michael: Ich brauche Deine Liebe – stimmt das? Goldmann, München 2005.

Langlotz, Christel / Bingel, Bela: Kinder lieben Rituale. Kinder im Alltag mit Ritualen unterstützen. Ökotopia, Münster 2008.

Macy, Joanna / Young Brown, Molly: Die Reise ins lebendige Leben. Strategien zum Aufbau einer zukunftsfähigen Welt. Junfermann, Paderborn 2003.

Möller, Lukas: Die Wahrheit beginnt zu zweit. Das Paar im Gespräch. Rowohlt, Reinbek bei Hamburg 2002.

Neff, Kristin: Selbstmitgefühl. Wie wir uns mit unseren Schwächen versöhnen und uns selbst der beste Freund werden. Kailash, München 2012.

Nidiaye, Safi: Herz öffnen statt Kopf zerbrechen. Ullstein, München 2002.

Reisch, Elisabeth / Bojanowski, Eberhard: Beziehungsglück. Die Kraft der Großzügigkeit. Klett-Cotta, Stuttgart 2010.

Revenstorf, Dirk: Die geheimen Mechanismen der Liebe. Klett-Cotta, Stuttgart 2008.

Richter, Dolores: Was ist der weibliche Beitrag zu einer neuen Liebeskultur? Vortragsmanuskript»Symposium für eine neue Liebeskultur«, Sept. 2012, www.kreacom.org.

Rosenberg, Marshall: Gewaltfreie Kommunikation. Eine Sprache des Lebens. Junfermann, Paderborn 2004.

Schindler, Margarethe: Heute schon geküsst? Paare brauchen Rituale. Herder, Freiburg im Breisgau 1997.

Schnarch, David: Intimität und Verlangen, Sexuelle Leidenschaft in dauerhaften Beziehungen. Klett-Cotta, Stuttgart 2011.

Schwarz-Schilling, Alexandra: Die Polarität der Geschlechter – Beziehungen zwischen alten Wunden und neuen Perspektiven. Vortrag, gehalten am 17.1.2012. http://www.maenner-kongress.de/images/PDFs/Polaritaet-der-Geschlechter_Schwarz-Schilling.pdf.

Somé, Sobonfu: Die Gabe des Glücks, Rituale für ein anderes Miteinander. 4. Aufl. Orlanda, Berlin 2007.

Sprenger, Reinhard: Vertrauen führt. Campus, Frankfurt am Main 2002.

Weber, Roland: Gehen oder bleiben? Entscheidungshilfe für Paare. Klett-Cotta, Stuttgart 2010.

Williamson, Marianne: Rückkehr zur Liebe. Harmonie, Lebenssinn und Glück durch »Ein Kurs in Wundern«. Goldmann, München 2016.

Kontakt zur Autorin:
www.visionssuche-lebensübergänge.de
www.natur-und-seele.de
E-Mail: mdheisig@aol.com